FAC • UNIVERSITÉS

MÉMENTOS LMD

NOTE DE SYNTHÈSE

1re édition 2018-2019

Séverine VISSE-CAUSSE

Maître de conférences à l'université de Reims Champagne-Ardenne, est chargée de la préparation à la note de synthèse au sein de l'IEJ de Reims.

Suivez-nous sur

70, rue du Gouverneur Général Éboué
92131 Issy-les-Moulineaux cedex
ISBN 978 - 2 - 297 - 06790 - 4
ISSN 1288-9199

FAC • UNIVERSITÉS

MÉMENTOS LMD

NOTE DE SYNTHÈSE

- Conseils méthodologiques
- 1 Dossier d'entraînement accompagné
- 2 Dossiers d'actualité corrigés

Séverine VISSE-CAUSSE

1re édition 2018-2019

Gualino une marque de Lextenso

FAC • UNIVERSITÉS

MÉMENTOS LMD

La collection pour les étudiants en licence (L1, L2 et L3)
Droit, Économie et Gestion.
Chaque livre rend accessibles les connaissances
à acquérir pour réussir les examens.

Présentation

Absente du cursus universitaire et trop souvent exclue du programme de préparation des candidats au prétexte qu'aucune connaissance n'est nécessaire à sa réalisation, la note de synthèse est pourtant une épreuve majeure de nombreux concours et examens.

Cet ouvrage permet non seulement de comprendre la nature de l'exercice auquel tout candidat doit se soumettre, mais surtout d'acquérir une méthode permettant de réaliser l'épreuve sereinement.

À partir de ***conseils méthodologiques*** expliqués en détail, le candidat pourra développer sa propre méthode de travail.

Un ***dossier accompagné*** permettra au candidat soit de réaliser une première note de synthèse en étant guidé dans toutes les étapes soit de parfaire une méthode de travail déjà acquise.

Deux dossiers d'entraînement tous relatifs aux aspects juridiques des problèmes sociaux, politiques, économiques ou culturels du monde actuel achèveront la préparation de l'épreuve de la note de synthèse.

Sommaire

SOMMAIRE

CHAPITRE 1

Les conseils méthodologiques

Réussir l'épreuve de la note de synthèse suppose de la connaître, de la ***comprendre***, pour mieux se ***préparer*** à y faire face. Le plus grand des dangers est de croire que l'on ne peut se préparer à affronter l'épreuve de note de synthèse ! Une bonne compréhension et une bonne préparation de l'épreuve sont les clés d'une parfaite ***réalisation*** d'une note de synthèse.

1• LA COMPRÉHENSION DE L'ÉPREUVE

« La compréhension est un processus psychologique lié à un objet physique ou abstrait tel que la personne, la situation ou le message selon lequel une personne est capable de réfléchir et d'utiliser des concepts pour traiter cet objet de manière appropriée ».

Durée. Le temps est un facteur important de l'épreuve. Réussir une bonne note de synthèse est tout à fait accessible, réussir une bonne note de synthèse en 4 ou 5 heures est plus délicat mais pas inaccessible. La maîtrise du temps suppose de connaître ses points forts et ses points faibles dans la réalisation de l'exercice. Seul un entraînement régulier permet de les identifier. Le temps gagné grâce à certains points forts permet de compenser d'éventuelles faiblesses. Maîtriser le temps est déterminant puisqu'une copie inachevée n'a que peu de valeur.

Documents. La note de synthèse est rédigée à partir d'un ensemble de documents que l'on appelle le dossier. Le dossier est remis aux candidats en début d'épreuve. Les documents regroupés dans le dossier portent sur les ***aspects juridiques des problèmes sociaux, politiques, économiques ou culturels du monde actuel***. La note de synthèse s'inscrit obligatoirement dans l'actualité.

A - Les intérêts de l'épreuve

L'épreuve de la note de synthèse présente un grand nombre d'intérêts. Elle permet de rechercher différentes qualités chez le candidat.

Maîtrise du temps. L'épreuve permet de vérifier que le candidat maîtrise le temps, autrement dit qu'il sait, en fonction de la connaissance de ses points forts et de ses points faibles, achever la mission qui lui est confiée dans le temps donné. Connaître ses points faibles permet, dans la mesure du possible, d'y suppléer.

Capacité de lecture. L'épreuve de note de synthèse débute par une lecture, celle du dossier. Chaque candidat révèle une capacité de lecture différente. Il s'agit de lire beaucoup, de lire vite. Il s'agit également d'être capable de ne pas tout lire ! La lecture pour être efficace doit être sélective. Pour y parvenir, il est nécessaire de distinguer dans un document l'essentiel du superflu. Il est important de comprendre la teneur du document d'un simple coup d'oeil, en observant les éventuels mots-clés. À travers la lecture, c'est la capacité à traiter l'information qui est recherchée. Lire sans comprendre ne présente pas d'intérêt car cela oblige à relire, ce qui entraîne une perte du temps. Il est matériellement impossible de lire deux fois le dossier. Le bon candidat est celui qui a la capacité de lire et de comprendre vite l'information qui lui est donnée.

Capacité à trier l'information. Pour réussir une bonne note de synthèse, il faut être capable de trier l'information. Tous les documents du dossier n'ont pas une égale importance, certains sont même très accessoires. Comme un avocat, le candidat doit savoir repérer parmi une somme conséquente de documents ceux qui sont déterminants et ceux qui le sont moins.

Organisation des idées. L'épreuve vise à détecter le candidat capable d'organiser les idées du dossier dans un plan à la fois logique et qui permet de faire le plus grand tour du dossier. L'organisation des idées se concrétise dans l'élaboration d'un plan cohérent et logique dont le correcteur doit pouvoir instantanément comprendre le sens.

Expression des idées. L'expression des idées passe par le choix des titres et des sous-titres. Le titre est sans aucun doute l'exercice de synthèse par excellence. Il permet de capter l'attention du lecteur. L'expression des idées dans une note de synthèse doit être absolument neutre. Le candidat n'est qu'un vecteur détaché entre le dossier et le lecteur. Le bon candidat est celui qui sait rester neutre, celui qui ne prend pas part à la discussion. L'expression des idées suppose un niveau satisfaisant d'expression écrite. La qualité rédactionnelle est un élément important. Par exemple, la commission nationale de l'examen du CRFPA lui porte une attention toute particulière.

B - Les dangers de l'épreuve

Manque de préparation. Le plus grand des dangers est, sans aucun doute, le manque de préparation. Partant du principe qu'aucun prérequis n'est nécessaire à la réalisation d'une note de synthèse, un grand nombre de candidats s'essaie à l'exercice le jour de l'épreuve, pour un résultat souvent équivalent à l'investissement fait dans sa préparation, à savoir nul. S'il convient évidemment d'avoir une bonne connaissance des mécanismes juridiques et une bonne aisance rédactionnelle, il y a un prérequis indispensable pour réaliser l'épreuve de note de synthèse : une méthode. Il ne s'agit pas d'appliquer une méthode mais sa propre méthode, celle mise au point au fil des entraînements. Les entraînements servent à adapter une méthode de base pour qu'elle devienne la méthode propre à chaque candidat. Aucun athlète n'envisagerait de participer à une quelconque épreuve sans le moindre entraînement... il en va ainsi pour la note de synthèse qui est tout autant une épreuve intellectuelle que physique !

Manque de synthèse. Il faut l'avouer, l'épreuve est plus accessible à certains candidats qu'à d'autres. Ceux qui ont naturellement un esprit de synthèse sont plus disposés à la réalisation de l'épreuve que ceux qui en sont dépourvus. Le danger de l'épreuve est de vouloir relater, dans les moindres détails, tous les aspects du sujet contenus dans les documents du dossier. Pour synthétiser, il faut accepter de trier, de ne pas dire. Vouloir tout dire est une solution de simplicité, l'exercice consiste justement en l'obligation de ne pas dire ou de dire plus simplement, plus sèchement. C'est un exercice qui demande de la maîtrise, de la synthèse.

Manque de cohérence. L'une des difficultés consiste à faire entrer dans un cadre cohérent un ensemble de documents de natures différentes. Le cadre est fixé par le sujet du dossier. Or, si certains documents s'inscrivent parfaitement dans ce cadre d'autres ont moins d'évidence à y entrer. Une note de synthèse doit être construite sur un plan solide qui englobe l'ensemble des éléments essentiels du dossier. Impossible d'écarter certains éléments, sauf mineurs. La note de synthèse doit raconter une histoire parfaitement compréhensible.

Manque de neutralité. La tentation est grande pour le candidat de montrer au correcteur qu'il maîtrise le sujet. C'est une erreur. Aucun élément extérieur au dossier ne peut être mentionné dans une note de synthèse.

C - Les critères matériels de l'épreuve

Durée de l'épreuve. La durée de l'épreuve est fixée à 4 ou 5 heures. Il s'agit d'une durée peu habituelle pour les étudiants qui doivent, par conséquent, s'y habituer par des entraînements réguliers.

Volume du dossier. Le volume du dossier varie suivant l'examen ou le concours. Le dossier peut comporter une trentaine de pages et une vingtaine de documents, sans que ce volume ne soit strictement fixé. Il est donc prudent de s'entraîner également sur des dossiers plus volumineux. D'ailleurs, la mise en page du dossier peut influencer le volume réel de lecture.

Plan apparent. Sans être obligatoire, le plan apparent est fortement recommandé. Le plan d'une note de synthèse comprend classiquement deux parties et quatre sous-parties. Elles doivent être clairement matérialisées et annoncées par un titre apparent qui doit être le plus concis possible.

Introduction. Une très brève introduction doit apparaître. Elle se compose de 2 à 5 lignes ou 3 phrases au maximum.

Cotation. L'ensemble des documents doit être utilisé pour l'élaboration de la note de synthèse, le candidat ne peut écarter de documents. Si le défaut de cotation n'est pas éliminatoire, le candidat est fermement invité à référencer les documents.

2. LA PRÉPARATION DE L'ÉPREUVE

> « La préparation est l'action d'apprêter, de disposer, de mettre une chose dans l'état convenable à l'usage auquel on la destine. Il s'agit de faire précéder une chose de quelques précautions pour en assurer l'effet ».

A - La préparation intellectuelle

L'épreuve de note de synthèse se prépare intellectuellement. Il s'agit, en effet, pour le candidat, d'affronter une épreuve à laquelle son cursus universitaire ne l'a, en principe, pas préparé. Croire que l'épreuve de note de synthèse n'exige aucun prérequis intellectuel est une erreur.

Langue française. La préparation intellectuelle commence indiscutablement par une parfaite maîtrise de la langue française, et cela dans tous ses aspects : orthographe, vocabulaire, ponctuation, syntaxe, usages, etc. Il est inutile d'insister sur l'importance de l'orthographe dont les éventuelles lacunes doivent, indiscutablement, être comblées avant l'épreuve.

Vocabulaire juridique. Au même titre que la langue française, le candidat doit bien entendu avoir une pleine maîtrise du vocabulaire juridique. Cette maîtrise lui permet de comprendre la teneur du dossier et démontre, au moment de la rédaction, de sa capacité à manipuler le langage juridique.

Acquisition de réflexes. La préparation intellectuelle est nécessaire pour permettre au candidat d'acquérir les réflexes utiles à la réalisation d'une note de synthèse : esprit de synthèse, précision, logique, détachement, rapidité, neutralité.

Perte de réflexes. La préparation intellectuelle est indispensable pour permettre au candidat de se détacher de ses réflexes, puisque la note de synthèse n'est ni une dissertation ni un commentaire de texte.

Logique du plan. La préparation intellectuelle est également utile à la conception rapide d'un plan logique.

Culture générale et d'actualité. La préparation intellectuelle est indispensable dans la mesure où, même si le candidat n'a aucune révision à effectuer, sa connaissance à la fois de l'actualité, de l'actualité juridique et plus généralement des problèmes juridiques du monde contemporain lui permet d'appréhender le dossier et la lecture des documents avec une meilleure facilité et, par conséquent, avec une plus grande rapidité.

B - La préparation physique

Entraînements. La préparation physique de l'épreuve de la note de synthèse peut être comparée à la préparation physique d'un athlète. Personne n'imagine un athlète se lancer dans une épreuve sportive sans le moindre entraînement. L'épreuve de note de synthèse est à la fois une épreuve d'endurance et de vitesse qui nécessite un entraînement régulier. Le candidat doit saisir toutes les possibilités qui lui sont offertes de s'entraîner. Il est important de conserver le rythme des entraînements jusqu'à l'épreuve et de ne pas les suspendre jusqu'à l'examen. Il est donc vivement conseillé de prévoir un nombre suffisant de dossiers d'entraînements à réaliser jusqu'à l'épreuve.

Confort. Le candidat doit s'entraîner à travailler dans des conditions peu confortables. Il est, par exemple, impossible de faire usage du tabac et des commodités durant l'épreuve. Il faut s'y préparer. L'étroitesse des tables d'amphithéâtres complique la réalisation de l'exercice qui nécessite un peu d'espace. Les conditions climatiques peuvent être variables, sans qu'aucun système de climatisation ou de chauffage ne rende les conditions plus agréables dans la salle. Il convient de prévoir de quoi se couvrir ou se découvrir facilement. Le candidat n'est pas non plus à l'abri d'un bruit récurrent ou d'une odeur devenant entêtants. Les entraînements en situation permettent de s'habituer à tous ces désagréments pour mieux les supporter.

Lecture. Le candidat doit s'entraîner physiquement à lire et à écrire vite. Il existe des méthodes de lecture rapide consistant soit à ne lire que le début et la fin d'un paragraphe soit à lire le document en diagonale. Tous les candidats ne sont pas rodés à la lecture rapide, de ce fait il convient de s'y entraîner. Comme tout athlète, cet entraînement, une fois commencé, ne doit en aucun cas être interrompu jusqu'à l'épreuve. Il convient également de s'habituer à lire sur un support papier. Les candidats sont souvent plus habitués à lire sur un écran, autrement dit à la verticale.

Écriture. Dans le même objectif de rapidité, les candidats, rompus à la prise de cours sur clavier, doivent s'entraîner à tenir de nouveau un stylo et à écrire vite et bien. Il convient d'avoir toujours en tête que l'on n'écrit pas pour se lire mais pour être lu. Une écriture illisible matérialise un manque de respect du correcteur.

C - La préparation matérielle

Papeterie. La préparation matérielle nécessaire à la réalisation de l'épreuve passe assurément par un assortiment de papeterie en bon état : stabilo, feutres de couleur, stylo, encre, effaceur, règle... Il est conseillé d'avoir deux modèles identiques du stylo utilisé pour la rédaction afin de pouvoir, dans l'hypothèse où le stylo viendrait à être inutilisable au cours de l'épreuve, terminer la rédaction de la copie avec une écriture identique et de même couleur.

Alimentation. La faim et la soif peuvent être combattues en apportant de quoi s'alimenter. Il est important d'avoir à sa disposition de quoi tenir le coup pendant toute la durée de l'épreuve. Il faut penser à la petite baisse de tension et prévoir un peu de sucre, pourquoi pas sous forme de confiserie. Le moral n'en sera que meilleur !

Pharmacie. Le candidat peut se pourvoir de quelques potions médicinales pour contrer un début de migraine et tout autre symptôme, notamment lié au stress. Il est toutefois prudent de ne pas utiliser un remède dont on ignore les effets secondaires.

3. LA RÉALISATION DE L'ÉPREUVE

> « La réalisation consiste à rendre réel et effectif, à construire, à élaborer quelque chose qui était à l'état de projet, à l'état de pensée. La réalisation concrétise une virtualité ».

La répartition du temps nécessaire à la réalisation de chaque étape de réalisation de la note de synthèse est propre à chaque candidat. Ce sont les entraînements qui permettent au candidat de connaître ses forces et ses faiblesses et, ainsi, de déterminer quel temps il doit consacrer à chaque étape de la réalisation de la note de synthèse.

Par exemple, un candidat capable de lire vite consacre moins de temps à cette étape pour privilégier la prise de notes ou l'élaboration du plan. Une fois la répartition du temps déterminée au cours des entraînements, le candidat ne doit, en principe, plus en changer. Pour l'avoir sous les yeux et être certain de la respecter, il est conseillé de noter cette répartition du temps sur le sommaire du dossier.

Par exemple, si l'épreuve débute à 8 heures et que le candidat sait devoir consacrer 2 h 05 minutes à la lecture il indique sur le sommaire « lecture : fin 10 h 05 », et ainsi de suite...

Par défaut, il est possible de suivre la répartition du temps suivante :

Lecture du dossier et prise de notes : 2 heures 15

Élaboration du plan : 1 heure

Rédaction de la note : 1 heure 35

Relecture : 10 minutes

A - La lecture du dossier et la prise de notes

1) *Le dossier*

Composition. Avant toute chose, un bref instant doit être consacré à l'observation de la composition du dossier. Si cet instant a pour principale vertu de faire tomber l'éventuel stress de début d'épreuve, il permet également de vérifier que le dossier est conforme au standard des entraînements, en particulier s'agissant du volume. À défaut, le candidat doit, en urgence, revoir la répartition du temps de l'épreuve. En effet, si le dossier comprend, en principe, au maximum 20 documents et 30 pages, ces limites ne sont pas impératives. Il est donc, encore une fois, vivement conseillé de s'entraîner sur des dossiers un peu plus volumineux pour éviter toute mauvaise surprise.

Thème. Le candidat doit prendre connaissance du thème de la note de synthèse. Le thème guide à la fois la lecture du dossier et la réalisation de la note de synthèse.

Le thème permet de faire un premier tri dans les informations du dossier et ainsi de gagner du temps de lecture. Il guide également l'élaboration du plan puisque le thème s'impose dans la formulation des titres.

Un dossier sans thème est envisageable. Dans ce cas, le candidat doit se laisser guider par le dossier et dégager un thème adapté. Ce thème ne doit être ni trop général ni trop fermé. Il faut garder en tête que l'ensemble du dossier doit se retrouver dans la note de synthèse.

Sommaire. Le sommaire présente, sous forme de liste, les documents composant le dossier. Un numéro est attribué à chaque document et chaque document est présenté dans ses informations essentielles (auteur, titre, source, date, etc.).

Le candidat doit prendre connaissance des ***titres*** des documents proposés. Ces titres, souvent choisis avec soin par les auteurs, permettent de comprendre rapidement de quoi le document va traiter, dans quel sens le thème va être abordé. Le sommaire permet également de prendre connaissance de ***l'origine*** des documents (presse, revue juridique, ouvrage, etc.) et, donc, d'avoir une idée du ton qui y est employé. Un article de presse, souvent destiné au grand public, est *a priori* plus accessible qu'un article d'une revue très spécialisée destiné à un lecteur averti. Le sommaire permet également de prendre connaissance de la ***période*** de publication des documents. Ces informations permettent de déterminer si l'approche du sujet est extrêmement récente ou pas.

L'usage du stabilo sur le sommaire peut être utile à la condition de l'utiliser avec parcimonie. Une couleur différente peut être utilisée pour chaque élément. Par exemple, la source des documents peut être surlignée en bleu, les dates en rose, etc.

Lorsque la mise en page le permet, il peut être utile de détacher le sommaire du dossier afin de le conserver à portée de regard.

Illustration

Exemple de sommaire sur le thème « La caricature ».

Document 1 Code de la propriété intellectuelle, articles L. 111-1 et L. 112-2.

Document 2 Jacques Francillon, « Liberté d'expression et respect des convictions religieuses », RSC 2006.

Document 3 Thibault de Ravel, *Les limites de l'humour : le respect de la vie privée*, 2014, Dalloz.

Document 4 Emmanuel Pierrat, « La droit à la caricature », JCP G, janv. 2015.

Document 5 Julien Brunet, « Le droit de caricature, une expression libre en question », JAC 2015.

Document 6 Charlie caricature Mahomet: « provocation » ou « liberté d'expression » ?, L'express, sept. 2012.

Document 7 Denis Mazeaud, « Je reste Charlie ! », JCP G, sept. 2017.

Document 8 Jacques Ravans, *La liberté de la caricature ne permet pas son exploitation commerciale*, 1999, Dalloz.

Document 9 Soren Seelow, « Une enquête ouverte après des menaces de mort contre "Charlie Hebdo " », Le Monde, nov. 2017.

Document 10 Jean-Claude Magendie, « Charlie Hebdo, la laïcité et la protection des croyances », JCP G, janv. 2015.

Document 11 Agnès Tricoire, « Définir l'œuvre, le défi du droit d'auteur », D. 2014.

2) *La lecture*

Ordre. Avant de commencer à lire le dossier, il est préférable de définir un ordre de lecture, permettant une lecture plus aisée, plus efficace et, de fait, plus rapide du dossier.

Pour établir l'ordre de lecture, il convient de procéder à trois classements différents des documents et de commencer par les documents qui sortent en tête et en commun des trois classements.

Le premier classement consiste à classer les documents par date inversée, soit du plus récent au plus ancien. Ce premier classement est facilité si la date des documents indiquée sur le sommaire a été, au préalable, surlignée d'une couleur particulière. En partant du document le plus récent pour aller vers le plus ancien, le lecteur a une connaissance immédiatement aboutie du problème juridique. Il lui est plus aisé de comprendre et d'analyser les difficultés éventuellement rencontrées.

Le second classement consiste à regrouper les documents par nature et dans l'ordre suivant : article de presse, déclarations-avis-notes, article de doctrine, jurisprudence, texte législatif ou réglementaire. Les articles de presse permettent, en général, d'obtenir une synthèse sur un point de droit précis. Souvent destinés au grand public, ils sont intellectuellement très accessibles. En revanche, la lecture d'une loi ou d'un règlement peut s'avérer fastidieuse et peu accessible. En commençant par le plus simple, le candidat comprend très facilement dans quel sens le dossier est orienté. Il a ainsi plus de facilité et de rapidité à lire les documents plus techniques. Il sait vers quoi aller.

Le troisième classement consiste à privilégier les documents dont le titre correspond le plus fidèlement au thème de la note. Le candidat est ainsi assuré d'être dans le cœur du thème et donc de la synthèse.

L'intérêt de l'ordre de lecture est surtout important pour les 5/6 premiers documents. Le candidat ne doit pas perdre de vue que tous les documents doivent être lus.

Illustration

Exemple d'ordre de lecture sur le dossier « La caricature »

Date	Nature	Intitulés
9	6	4
7	9	5
5	2	8
4	3	6
10	4	11
3	5	
11	7	
6	8	

Le candidat commencera la lecture du dossier relatif à « La caricature » par les documents 4, 9, 5, 7, etc.

Sélection. L'idéal est évidemment de prendre le temps de lire le dossier en entier. C'est en principe tout à fait possible. Il est en revanche impossible de relire le dossier. La première et unique lecture doit nécessairement être efficace.

Pour gagner du temps, il est possible de faire une lecture sélective. Tout d'abord, certains documents peuvent être assemblés, comme un arrêt et le commentaire qui lui est associé. Dans ce cas, il est inutile de lire l'arrêt in extenso, la lecture de la note doit, normalement, suffire. Ensuite, l'essentiel d'un arrêt se trouvant dans l'attendu, il peut être inutile de lire l'arrêt en totalité. D'autre part, dans certains documents, un résumé, des titres, des mots-clés peuvent parfois aider à la compréhension du propos, et par là orienter la lecture vers tel ou tel paragraphe. Certains documents sont inutilement longs, parfois seul un court passage intéresse le sujet. Ce type de document est volontairement placé dans le dossier pour égarer le candidat. La technique de l'ordre de lecture permet d'orienter la lecture et de repérer dans le texte les mots intéressants. Enfin, un document disposant d'un plan apparent ou de titres mis en évidence peut n'être lu qu'en partie, si certains passages sont manifestement étrangers au sujet.

Attention, concernant le CRFPA, la mise en page du premier dossier de note de synthèse suite à la réforme montre qu'il est désormais difficile de s'appuyer sur les mots en gras, les titres d'une police plus grande, etc. dans la mesure où la forme initiale des documents a été effacée. Le dossier est plus court mais il est moins facile d'y repérer les mots ou les passages les plus intéressants.

3) La prise de notes

Choix de la technique. La prise de notes est nécessairement concomitante à la lecture. Elle peut se faire suivant deux techniques : soit dans un tableau soit directement sur le dossier. Toutefois, la mise en page de certains dossiers de note de synthèse montre qu'il est impossible de conserver cette dernière méthode de travail dans la mesure où les espaces permettant de prendre des notes sur le dossier sont quasiment inexistants. Le candidat doit privilégier la technique, plus efficace et plus sûre, du tableau.

Forme du tableau. La méthode dite du tableau consiste à prendre les notes dans un tableau qui, une fois rempli, devient la seule base de la rédaction de la note de synthèse. Le tableau se matérialise par 3 ou 4 feuilles, pas plus, de papier A4 à remplir dans un format « paysage », uniquement sur le recto. Le candidat doit avoir une vision globale du tableau sans avoir à manipuler les feuilles au moment de la rédaction. Il est conseillé de numéroter les pages du tableau. Cette numérotation est surtout utile dans l'hypothèse où un document se retrouve à cheval sur deux feuilles. Chaque feuille doit être divisée en 3 colonnes. La première colonne, très étroite, est destinée à noter le numéro du document, sa nature et sa date. La deuxième colonne, la plus large, permet de noter les idées de chaque document. La troisième et dernière colonne, assez étroite, est destinée à noter les mots-clés se rapportant à chaque idée de chaque document.

Illustration

N° / nature /date	Idées principales	Mots-clés

Colonne n°/nature/date. La première colonne doit être remplie en suivant l'ordre de lecture défini. Chaque document doit être identifié par le numéro que le sommaire lui a attribué. La nature de chaque document doit y être mentionnée : presse, doctrine, jurisprudence, etc.

Avec de l'entraînement, le candidat peut utiliser de simples abréviations : P. pour presse, D pour doctrine, JP pour jurisprudence, etc. Le principe est de réduire au maximum l'encombrement de cette première colonne.

La date de chaque document est également mentionnée afin que le candidat puisse situer le document, et surtout les idées qu'il développe, dans le temps.

Colonne idées principales. L'espace étant assez réduit, le candidat doit être concis. Attention, il ne s'agit pas de recopier des morceaux de phrases contenues dans le document mais bien de faire le travail de synthèse du document. Le candidat doit utiliser son propre vocabulaire. À défaut, la note de synthèse n'est qu'une succession de paraphrases sans aucune valeur. Il est important de choisir les bons termes immédiatement et, surtout, de ne pas trop développer les idées. Le candidat doit doser le volume de matière à extraire du dossier. La qualité de la matière extraite du dossier est également importante. C'est ici que le travail de sélection de l'information se fait. Il convient de sélectionner le juste nécessaire. Certains détails n'ont que peu d'importance, comme, par exemple, les noms des parties dans un arrêt, une date, un lieu... Il ne faut retenir que la substantifique moelle de chaque document.

Colonne mots-clés. Le choix des mots-clés est important, il doit être précis sans trop l'être. Il est rappelé qu'un mot-clé n'est constitué que d'un mot ! Certains candidats, ne parvenant pas à sélectionner un seul mot, utilisent cette colonne pour faire un résumé de la colonne idées, ce qui n'a que peu de sens. Il faut veiller à dégager des mots-clés similaires ou proches. Il peut être intéressant d'attribuer des couleurs aux mots-clés et d'utiliser une même couleur pour des mots-clés similaires ou proches. Lors de la construction du plan, les couleurs dominantes seront plus vite identifiables. À chaque couleur correspond une idée.

Danger. Une fois les 3 ou 4 feuilles du tableau remplies, le dossier peut être mis de côté. Le tableau, seul, doit permettre l'élaboration du plan. Un même document peut générer plusieurs idées et plusieurs mots-clés. Il faut donc veiller à bien mettre le mot-clé en face de chaque idée.

La prise de notes est sans aucun doute l'étape la plus importante de la préparation de la note de synthèse. Une bonne prise de notes est un gage de succès. La difficulté majeure de la prise de notes est quantitative : il faut savoir prendre suffisamment de notes pour disposer d'assez d'éléments pour rédiger la note de synthèse sans avoir à retourner vers le dossier, avec le risque de perdre du temps. Il faut également savoir ne pas prendre trop de notes pour ne pas être noyé par les informations, ce qui reviendrait finalement à ne pas prendre de note du tout.

B - L'élaboration du plan

1) La cohérence du plan

Le choix du plan démontre la capacité du candidat à organiser les idées contenues dans le dossier. Sans rigueur et sans cohérence de plan, la note de synthèse est incompréhensible.

Sujet. La cohérence du plan est intimement liée au sujet. Un plan qui ne respecte pas le sujet est un plan incohérent, sans intérêt. Le sujet est le fil conducteur que le candidat doit avoir toujours en tête. Il n'est en aucune façon possible de s'éloigner du sujet. Toutes les sous-parties doivent être liées au sujet, à défaut le candidat risque le hors sujet.

Équilibre. La cohérence d'un plan se matérialise par l'équilibre des parties et des sous-parties. La cohérence impose de construire le propos autour d'idées majeures et d'égale importance. Un plan avec des sous-parties de longueurs très inégales matérialise un défaut de cohérence. L'équilibre concerne également le choix des documents permettant de construire chaque sous-partie. Une sous-partie ne faisant référence qu'à un seul document est manifestement déséquilibrée. Il est important de bien répartir l'ensemble des documents sur l'ensemble de la note de synthèse. Chaque sous-partie doit nécessairement faire référence à au moins deux ou trois documents différents. Bien entendu, un document peut être référencé dans plusieurs sous-parties, c'est d'ailleurs à cela que l'on reconnaît une bonne note de synthèse.

Choix. Un même dossier peut conduire à l'élaboration de plans différents, et pour autant tous cohérents. À partir du moment où la logique du plan se comprend, le choix de plan, quel qu'il soit, est justifié.

S'il n'existe pas de plan type pouvant s'adapter à toute note de synthèse, il faut remarquer que certains « standards » liés à la forme et au fond de l'exercice peuvent être dégagés. L'introduction d'une note de synthèse étant facultative ou extrêmement réduite, il n'est pas rare de trouver dans la première sous-partie (I. A) une présentation de la notion. Attention toutefois, la présentation de la notion peut également déborder le cadre de la première sous-partie... tout dépend du dossier.

Autre plan que le fond de l'exercice impose assez souvent est celui mettant en évidence une évolution juridique ou une tentative d'évolution juridique. Le sujet de la note de synthèse devant être lié à une question d'actualité, il n'est pas rare de devoir présenter une notion juridique (I. A) d'en présenter une critique (I. B) et de proposer ensuite les solutions envisagées pour remédier à ces critiques (II. A et II. B)

Le candidat peut appliquer une technique qui fait inévitablement sourire mais qui a montré son efficacité, en pratique. Il s'agit de commencer fictivement sa note de synthèse par « Il était une fois ». Le candidat gardera en tête cette petite phrase ludique et ne manquera pas de commencer sa note de synthèse en présentant les personnages de l'histoire ou plus exactement les notions utiles à la compréhension du propos. En appliquant simplement cette petite technique, le plan devrait être logique.

Technique. Élaborer le plan suppose de s'appuyer sur les mots-clés dégagés de la lecture du dossier et matérialisés dans le tableau. La première étape consiste à voir les différents points communs entre les mots-clés pour tenter de les regrouper. Si le candidat a pris le soin d'utiliser des couleurs différentes pour chaque mot-clé, l'opération peut se faire avec plus d'évidence. Il suffit de regrouper l'ensemble des mots-clés par couleur. Si par chance, quatre groupes de mots-clés se dégagent, il convient alors de monter le plan en construisant quatre sous-parties à partir des quatre groupes de mots-clés.

S'il y a plus de mots-clés qu'il ne faut de sous-partie, il faut opérer un regroupement. En général, la difficulté ne vient pas de trop de mots-clés, mais d'une insuffisance de mots-clés. Dans ce cas, le candidat n'a pas assez de matière pour construire quatre sous-parties.

Le danger lors de la construction d'un plan est de vouloir construire les deux parties puis les quatre sous-parties, alors qu'il faut faire l'inverse. Il faut toujours commencer par trouver les quatre sous-parties puis les deux parties. Cette méthode évite les plans fictifs, ceux dont on comprend en un rien de temps qu'une sous-partie a été fictivement coupée en deux pour obtenir le nombre de sous-partie nécessaire. Bien souvent c'est la dernière sous-partie qui pose le plus de difficulté et qui, par manque de temps, est bien souvent négligée.

2) Le choix des titres

Imposé. Le choix des titres est imposé par le ou les termes du sujet. Il est impératif de mentionner ce ou ces termes dans les titres des deux grandes parties, sans quoi le plan sera trop détaché du sujet.

Court. La construction des titres d'un plan de note de synthèse est identique aux autres exercices auquel le candidat a l'habitude de se soumettre. Un titre n'est, en réalité, rien d'autre qu'une synthèse de partie ou de sous-partie. Un titre doit toujours être fédérateur. Il exprime différentes idées en peu de mots. Le titre doit être le plus court possible, car plus le titre est court, plus il se comprend. Pour cette raison le titre ne comprend jamais ni de verbe conjugué ni de deux points (:). En effet, les deux permettent déjà une explication, ce n'est donc plus une synthèse. Dans le même sens, un titre ne peut jamais comporter de « et » puisqu'il reviendrait à annoncer deux éléments distincts. Il faut retenir le principe suivant lequel un titre ne développe qu'une idée. Il n'est pas non plus convenable de faire un titre coupé, avec le début du titre pour le I et la fin pour le II. Pour être compréhensible le titre doit pouvoir être lu immédiatement en entier.

Neutre. Le titre d'une note de synthèse, contrairement aux autres exercices juridiques, doit être neutre. Le candidat doit veiller à cette complète neutralité en se gardant d'utiliser des termes montrant son opinion. Dans le même souci de neutralité, il ne doit utiliser aucun signe d'exclamation ou d'interrogation ni même de guillemet. Encore une fois, les connaissances, la sensibilité, les opinions du candidat ne doivent aucunement transparaître.

Rigueur. Le choix du titre démontre la rigueur du candidat. Assurément chaque titre doit être unique et précis. Un même plan ne peut contenir deux titres identiques ou similaires. Le candidat doit toutefois éviter les titres disparates. Le choix des termes est important. Il est toujours recommandé de choisir un vocabulaire dont on maîtrise le sens. La rigueur impose, enfin, que le titre soit conforme au développement qu'il annonce, sans quoi le lecteur est perdu.

Harmonie. L'harmonie formelle suggère une harmonie intellectuelle. L'harmonie du plan découle du soin apporté au choix des titres. Cette harmonie démontre la capacité du candidat à être efficace sur le fond de l'idée mais également sur son expression. Le candidat doit démontrer sa capacité à jouer avec les mots. Aussi, les titres doivent être en harmonie les uns avec les autres. Les titres de chacune des deux sous-parties doivent être en harmonie les uns avec les autres et les titres des deux parties doivent se répondre. Un titre commençant par un article défini doit répondre à un autre titre avec le même article défini. Il est possible d'éviter la répétition du sujet pour les sous-parties en utilisant un article indéfini.

Illustration

Exemple de plan respectant l'harmonie des titres et évitant la répétition du sujet dans les sous-parties

I. L'existence d'une liberté d'expression du salarié

A. Une existence consacrée

B. Une existence restreinte

II. L'exercice de la liberté d'expression du salarié

A. Un exercice facilité par les réseaux sociaux

B. Un exercice sanctionné en cas d'abus

Interactif. Chaque titre doit interagir avec les autres. Une note de synthèse est un tout qui se matérialise dans le plan. Pour cette raison, il est absolument impossible de commencer la rédaction de la note de synthèse avant d'avoir trouvé le plan et l'ensemble des titres. Il n'est pas rare de voir, au cours d'une épreuve, un candidat laisser un blanc au niveau d'un titre, qu'il complète au moment de rendre sa copie. C'est d'ailleurs souvent le II. B qui pose la plus grande difficulté. Cette difficulté est souvent le signe d'une mauvaise construction de plan et d'une dernière sous-partie transformée en fourre-tout. Les titres étant liés les uns avec les autres, et même si c'est absolument déconseillé, dans l'hypothèse où le candidat manquerait d'inspiration pour un titre, il est préférable de laisser tous les titres en blanc et de tous les rédiger ensemble à la fin de l'épreuve.

Illustration

Exemples de plans dont les titres se répondent

Exemple 1

I. Le robot, un objet en droit certain

A. L'autonomie de fait d'un robot

B. La responsabilité du fait d'un robot

II. Le robot, un sujet de droit incertain

A. L'opportunité d'une personnalité juridique

B. L'opportunité d'une charte éthique

Exemple 2

I. La caricature, une oeuvre

A. Une oeuvre de l'esprit

B. Une oeuvre spécifique

II. La caricature, une liberté

A. Une liberté d'expression

B. Une liberté sous tension

C - La rédaction de la note

1) L'introduction

Contenu. Si elle n'est pas obligatoire, il est vivement conseillé de prévoir une introduction. L'introduction de la note de synthèse est tout à fait originale. C'est sans aucun doute l'élément qui diffère le plus des exercices auquel le candidat s'est soumis au long de son cursus universitaire. Contrairement à une introduction classique, l'introduction de la note de synthèse ne contient que deux éléments : la définition du thème et l'annonce du plan.

Problématique. La note de synthèse n'étant pas un exercice où le candidat apporte une réflexion, aucune problématique ne doit être posée. La présence d'une problématique dans une copie apporte la preuve évidente de la méconnaissance de l'exercice par le candidat. L'introduction ne peut, pour cette raison, en aucun cas contenir d'expressions de type « la question se pose de... », « il faut se demander si... », « il sera intéressant de... », etc.

Définition. L'introduction commence inévitablement par la définition synthétique du sujet. Cette définition peut être comprise d'un seul document mais il est bon que le candidat propose une définition faisant appel à plusieurs documents. Il faut toutefois se garder de référencer dans l'introduction plus de trois documents. La définition du sujet peut prendre une ou deux phrases au maximum et dans tous les cas ne pas dépasser quatre lignes.

Annonce du plan. L'annonce du plan suit directement la définition du sujet. Le plan étant imposé par le dossier il n'amène aucune réflexion, il doit être « évident ». Le plan ne peut donc en aucun cas être introduit par des expressions comme « nous verrons dans une première partie..., puis... dans une seconde partie » ou encore « il convient d'envisager..., puis d'envisager... ». Le candidat doit toujours garder en tête qu'il ne doit apparaître sous aucun prétexte dans la copie, il n'existe pas.

La formulation de l'annonce du plan doit impérativement intégrer l'énoncé des titres des deux grandes parties. Le même vocabulaire doit être utilisé, à défaut l'annonce du plan ne présente aucun intérêt. Les deux parties sont matérialisées classiquement par (I) et (II).

2) Les sous-parties

La rédaction des sous-parties doit être organisée. S'il n'est évidemment pas possible de rédiger l'intégralité de la note au brouillon, il est indispensable de classer les idées à développer dans chacune des sous-parties. Organiser le propos évite les discours confus et surtout les répétitions.

Le candidat doit construire un propos cohérent. Il n'est pas rare de constater une tendance à l'empilement de phrases chez certains candidats. Le propos, qui n'est alors en rien construit, ressemble à une succession de phrases souvent sans lien les unes avec les autres et liées fictivement. Le travail de synthèse n'est alors pas réalisé. Le lien qui unit les différentes phrases d'une note de synthèse est un lien d'idée. Il ne suffit pas de lier deux phrases avec un « donc » ou un « en effet » pour que ces deux phrases trouvent une cohérence. Le candidat doit veiller à l'enchaînement des phrases.

La note de synthèse ne peut être une succession de phrases isolées. Le candidat doit créer de petits paragraphes, chacun développant une idée.

La rédaction doit être fluide, les éléments doivent s'enchaîner naturellement. Le lecteur doit oublier que chaque élément présenté est, en réalité, tiré d'un document qui n'a pas initialement été écrit pour être contenu dans un dossier.

Aucune information extérieure au dossier ne peut être utilisée dans la note de synthèse. Le candidat doit absolument s'abstenir de mentionner tout élément dont il a connaissance et qui n'est pas contenu dans le dossier.

3) Les contraintes rédactionnelles

Style. Le style doit être neutre, précis et élégant. Le ton adopté doit être absolument neutre. Le candidat n'est qu'un vecteur invisible entre le dossier et le lecteur. Aucune appréciation, aucun jugement de valeur ne peuvent apparaître dans la note de synthèse. Le candidat doit oublier tous ses réflexes et disparaître derrière le dossier. La neutralité impose, encore une fois, de ne pas inclure dans la note de synthèse une information non contenue dans le dossier.

Le style doit être concis. Le candidat ne doit pas oublier la nature de l'exercice : une synthèse. Le style doit être approprié à la nature de l'exercice. Les phrases doivent être courtes et ne jamais dépasser deux lignes. Les dates, le nom des parties, le nom des auteurs des documents n'ont pas leur place dans une note de synthèse, sauf absolue nécessité. Ainsi, il est inutile d'indiquer le nom du garde des Sceaux par exemple, sa seule qualité est suffisante. Tous les détails doivent être écartés au seul profit de l'essentiel. L'espace étant compté, le candidat ne doit retenir que l'essentiel. Il faut dire beaucoup en peu de mots.

Orthographe. Pour éviter toute faute d'orthographe, il est indispensable non seulement de relire la copie, mais de la relire convenablement. Il convient ainsi de ne pas oublier de relire les titres du plan. Une faute d'orthographe dans un titre ne peut passer inaperçue et elle est du plus mauvais effet. Une lecture attentive suppose également de lire ce qui est écrit et non ce que l'on croit avoir écrit. Il y a parfois une différence et pour cette raison il n'est pas rare de trouver des phrases où certains mots manquent, ou à l'inverse, des mots qui apparaissent en double.

Ponctuation. Il est important de maîtriser la ponctuation. La place d'une virgule peut changer le sens général d'une phrase. Les points d'exclamation et d'interrogation sont interdits. Les deux points sont également à proscrire et à remplacer par la virgule, plus élégante.

Vocabulaire. Maîtriser la langue française suppose également de maîtriser le vocabulaire à la fois qualitativement et quantitativement. Qualitativement, cela signifie que le candidat connaît le sens du vocabulaire qu'il emploie. Dans le doute, il est préférable de choisir un mot dont le sens est certain. Il n'est pas rare de trouver dans un titre un terme utilisé à contresens, ce qui est fort dommageable. Quantitativement, il convient pour le candidat de montrer une certaine richesse linguistique afin de ne pas utiliser de manière exagérée les mêmes termes.

Abréviations. Le candidat ne doit pas inventer d'abréviation sous prétexte de gagner de la place et du temps. Ce qui est évidemment très utile pour remplir le tableau ne doit pas être retranscrit sur la copie. Il ne peut en aucune façon être question de CC pour au choix Code civil, Conseil constitutionnel, Cour de cassation...

Les acronymes, dont l'usage est autorisé, doivent toujours être précédés au moins une fois de la dénomination complète comme par exemple, Convention européenne des droits de l'Homme (CEDH). Il n'est en revanche pas utile de donner la dénomination complète, par exemple, de SNCF, EDF, etc.

4) Les contraintes formelles

Plan apparent. Le plan doit apparaître dans la copie. Il est conseillé d'aérer un peu les titres en passant, par exemple, deux lignes avant d'annoncer un titre et une ligne après l'avoir annoncé. De cette manière, le plan apparaît clairement et la lecture est plus agréable pour le correcteur. Il est tout à fait possible de souligner les titres du plan ou d'utiliser des couleurs. Un titre n'est jamais placé en bas d'une page mais directement sur la page suivante. Il faut insister : le candidat doit veiller à ne pas faire de faute d'orthographe dans les titres, car le plan est souvent lu en entier avant la copie et une faute mettrait le correcteur dans une mauvaise disposition !

Chapeaux. Les chapeaux, qui permettent d'annoncer les sous-parties, sont obligatoires. Comme pour l'introduction, le chapeau doit reprendre les termes exacts des sous-titres et matérialiser les deux sous-parties par un (A) et un (B). Aucun document ne doit être référencé dans les chapeaux.

Transition. Une phrase de transition entre la première et la seconde partie peut être envisagée, sans être obligatoire. C'est la seule phrase de la note de synthèse qui peut ne comporter aucune référence. Aucune transition n'est en revanche nécessaire entre les sous-parties.

Cotation. La cotation des documents, sans être obligatoire, est recommandée. Le référencement des documents est important et permet de bien comprendre qu'une note de synthèse n'est pas un exercice classique de réflexion. Tout élément introduit dans la note de synthèse trouve sa source dans un document contenu par le dossier qu'il faut veiller à mentionner. Le correcteur a ainsi la possibilité de se reporter au document annoncé soit pour mieux comprendre le propos, soit pour le compléter.

La cotation du document consiste à indiquer le numéro du document qui lui est attribué dans le dossier. Seul ce numéro est utile, à l'exclusion du nom de l'auteur ou encore du titre de l'article ou de l'ouvrage. Le référencement de document ne peut apparaître ni dans l'annonce du plan, ni dans les chapeaux, ni dans les titres.

La cotation des documents doit être rigoureuse. Elle se fait toujours dans un ordre croissant. Dans l'hypothèse où un seul document doit être cité, il convient d'indiquer (Doc. 5) ou éventuellement (Doc. n° 5). Dans un souci de temps et de place, il est inutile d'écrire document en toutes lettres. En revanche, un simple (D. 5) est insuffisant. Si deux documents doivent être cités, il convient d'indiquer (Doc. 5 et 14) et si trois documents ou plus doivent être cités il faut mentionner (Doc. 4, 14 et 16). S'il est toujours intéressant de faire référence à plusieurs documents, il ne faut pas en exagérer le nombre et s'en tenir à 4 au maximum.

En théorie, chaque phrase d'une note de synthèse doit se terminer par la référence du document dans laquelle l'idée trouve son origine. Il est toutefois possible de grouper plusieurs phrases et de ne citer le document qu'à la fin de la dernière phrase de ce groupe. Attention, toutefois, le développement ne doit pas être trop long. Certains candidats abusent de cette possibilité, à leurs dépens. Il est possible de référencer un document en milieu de phrase à la condition que cette phrase se termine par un autre référencement.

Écriture. L'un des objectifs de la note de synthèse est de démontrer une certaine aptitude à l'expression écrite. La première des conditions pour atteindre ce but est d'écrire de manière lisible. Le candidat doit écrire pour être lu, peu importe qu'il puisse, lui, se relire ! L'écriture doit également être agréable. Un stylo qui a tendance à baver doit être remplacé. Une écriture agréable suppose également une réflexion de la part du candidat avant toute rédaction, pour éviter les ratures. Les astérisques, permettant de compléter un éventuel oubli, sont interdits.

Conclusion. La conclusion n'étant pas nécessaire, le candidat ne perd pas de temps à en rédiger une.

CHAPITRE 2

Le dossier d'entraînement accompagné

Section 1

Le dossier

À l'aide des documents suivants, établissez une note de synthèse sur le thème suivant : La laïcité

Document 1 : Déclaration des droits de l'homme et du citoyen de 1789, article 10.

Document 2 : Loi du 9 décembre 1905 concernant la séparation des Églises et de l'État, article premier.

Document 3 : Julien Couard, « Inutile de légiférer sur le voile à l'Université », RJPF 2016.

Document 4 : Didier Jean-Pierre, « La nouvelle déontologie de la fonction publique : du décalogue au catalogue », JCP A, juin 2016.

Document 5 : Hélène Tissandier, « Interdiction du port du voile dans un établissement public : un renfort européen », JSL, janv. 2016.

Document 6 : « La tentation de la laïcité », Entretien avec Frédéric Gea, SSL 2014.

Document 7 : Felix Rome, « La laïcité n'est plus ce qu'elle était... », D. 2011.

Document 8 : Samuel Charalot, « L'État et la laïcité », La documentation française, juin 2016.

Document 9 : « La laïcité aujourd'hui », Rapport annuel de l'Observatoire de la laïcité 2015-2016.

Document 10 : Charles Fortier, « Laïcité, liberté chérie », AJFP 2016.

Document 11 : Sandrine Chesnel, « Pourquoi la laïcité fait polémique en France », L'express, janvier 2016.

Document 12 : Francis Messner, *Laïcité imaginée et laïcité juridique. Les évolutions du régime des cultes en France*, 1993, Gallimard.

- ***Document 1 : Déclaration des Droits de l'Homme et du Citoyen de 1789, article 10.***

« Nul ne doit être inquiété pour ses opinions, même religieuses, pourvu que leur manifestation ne trouble pas l'ordre public établi par la Loi. »

- ***Document 2 : Loi du 9 décembre 1905 concernant la séparation des Églises et de l'État, article premier.***

« La République assure la liberté de conscience. Elle garantit le libre exercice des cultes sous les seules restrictions édictées ci-après dans l'intérêt de l'ordre public. »

- ***Document 3 : Julien Couard, « Inutile de légiférer sur le voile à l'Université », RJPF 2016.***

À la suite d'une importante médiatisation de désaccords ou de conflits à propos de la laïcité et de la gestion du fait religieux dans l'enseignement supérieur public, l'Observatoire de la laïcité a souhaité s'autosaisir de ce sujet et a rendu un avis mi-décembre. Le texte, de dix-huit pages, part de l'existence de *l'article L. 141-6 du Code de l'éducation* qui dispose que « *le service public de l'enseignement supérieur est laïque et indépendant de toute emprise politique, économique, religieuse ou idéologique* ; (...) ; *il respecte la diversité des opinions* (...) ». Ce principe d'indépendance de l'Université est souligné par son histoire, depuis sa création grâce à l'Église et sous la protection des papes, jusqu'à son passage sous la houlette de l'État par Napoléon et son développement à partir de la IIIe République. Il semble, en outre, appuyé par l'opinion générale des auditionnés en faveur du maintien de l'absence de législation, cela étant conforté par le faible nombre d'incidents motivés par des raisons religieuses au regard du nombre d'étudiants et de personnels œuvrant à l'Université. L'avis en donne d'ailleurs des chiffres précis (p. 5-6) avant d'évoquer les opinions, non sans contradiction avec leur désir de protection des libertés, de certains syndicats hostiles à l'existence d'un enseignement supérieur privé confessionnel à côté de l'enseignement public. L'ensemble débouche sur vingt-trois recommandations circonstanciées puis récapitulées (p. 15-18). L'Observatoire apprécie ainsi la sagesse et la mesure des textes et des positions jurisprudentielles en vigueur avant de conformer ses opinions à celles des commissions ayant déjà travaillé la question (commission Stasi, notamment) et de formuler l'urgence qu'il y a pour le législateur à ne rien faire et pour le Gouvernement à rester vigilant. Sachons-lui gré de ce travail de synthèse.

- ***Document 4 : Didier Jean-Pierre, « La nouvelle déontologie de la fonction publique : du décalogue au catalogue », JCP A, juin 2016.***

La loi n° 2016-483 du 20 avril 2016 relative à la déontologie et aux droits et obligations des fonctionnaires réécrit l'article 25 du statut général de la fonction publique. Elle énumère les nouveaux commandements d'une morale laïque de l'État. Mais la lecture du texte renvoie davantage à une impression de catalogue qu'au caractère solennel du décalogue.

1. – Le législateur a pris le parti d'une idée simple déjà exprimée en 1983 : rassembler les fonctionnaires de toutes les fonctions publiques autour d'un idéal commun fait d'obligations et de valeurs partagées afin notamment de lutter contre le dénigrement dont font l'objet régulièrement les agents publics et de restaurer la confiance envers l'administration auprès du public. L'on pourrait néanmoins s'interroger sur le point de savoir s'il est

utile, souhaitable, possible d'harmoniser la déontologie des fonctionnaires. L'idée est parfois âprement défendue selon laquelle la déontologie du policier n'est pas celle de l'enseignant, pas plus que celle de l'inspecteur du travail et encore moins celle de l'infirmier ou du directeur général des services d'une collectivité territoriale. S'il est évidemment possible de trouver un consensus sur un socle minimal d'obligations communes fondées essentiellement sur la loyauté et l'intégrité des agents publics, il est beaucoup plus difficile de faire l'unanimité sur la pratique de la déontologie et la spécificité de certaines missions. De nouvelles obligations font aussi leur apparition, symptôme de maux présentés à tort comme nouveaux dans notre société. On songe ainsi à l'obligation pour les agents publics de ne pas être en situation de conflit d'intérêts. Face à cette diversité d'obligations et de situations probablement irréductible, le statut général a néanmoins fait le choix de l'unicité en rassemblant les différentes obligations statutaires dans le corps de la loi du 13 juillet 1983 qui s'adresse à l'ensemble de la fonction publique civile. Pourtant, les règles déontologiques rappelées en 1983 ne permettent pas une vision d'ensemble de la déontologie de la fonction publique puisque certaines obligations ont volontairement été écartées par la majorité parlementaire de l'époque. C'est le cas par exemple de l'obligation de réserve, ou bien encore des obligations de neutralité et d'impartialité. Il existe tout un pan jurisprudentiel au service de la déontologie des fonctionnaires qui a délibérément échappé au législateur de 1983 et que la loi n° 2016-483 du 20 avril 2016 relative à la déontologie, aux droits et obligations des fonctionnaires a tenté de codifier sans réelle valeur ajoutée. Entre 1983 et 2016, pour faire face à cet éparpillement des obligations, dont certaines figurent dans le Code pénal, dans le Code des juridictions financières ou dans des textes spécifiques, il n'est pas étonnant que se soient multipliés les codes et chartes de déontologie pourvus d'une valeur juridique incertaine, au mieux réglementaire. Malgré l'intervention législative récente force est de constater que le chantier de l'harmonisation des obligations déontologiques des fonctionnaires n'est pas près d'être achevé.

Abandonnant finalement le projet de disposition selon lequel « *le fonctionnaire respecte les principes déontologiques inhérents à l'exercice d'une fonction publique* », le législateur du printemps 2016 a fait le choix d'un inventaire à la Prévert en énumérant toute une série d'obligations des fonctionnaires au sein de la loi n° 83-634 du 13 juillet 1983 portant droits et obligations des fonctionnaires. Le nouvel article 25 de cette loi dans sa rédaction issue de la loi du 20 avril 2016 n'a pas la prétention de rassembler à lui seul toutes les obligations des agents publics. Les articles suivants traitent de la prévention des conflits d'intérêts et des cumuls d'activités tandis qu'une lecture prolongée du statut conduirait à l'examen des obligations d'obéissance, de secret et de discrétion professionnelle non affectées par la réforme. Le législateur n'a pas vraiment non plus pris le soin de distinguer ce qui relèverait du champ de la déontologie et de celui des obligations. Pourtant, désormais, le chapitre IV du Titre Ier du statut général de la fonction publique est intitulé : « *Des obligations et de la déontologie* », ce qui laisse a priori entendre que les domaines de la déontologie et de l'action disciplinaire ne sont pas nécessairement identiques. On laissera volontairement de côté ces questions pourtant stimulantes, ainsi que celles relatives aux conflits d'intérêts récemment abordées dans les colonnes de cette revue, pour se consacrer exclusivement au commentaire de l'article 1er de la loi n° 2016-483 du 20 avril 2016 devenu l'article 25 de la loi du 13 juillet 1983. Aux ambitions revendiquées par le législateur en la matière succèdent des déceptions liées au sentiment d'une œuvre inaboutie réalisée dans la précipitation.

1) Des ambitions

2. – L'article 1er de la loi du 20 avril 2016 aborde le cœur des obligations des fonctionnaires à savoir celles qui intéressent les relations des agents publics avec l'argent, l'honneur, la politique et la religion.

a) Le fonctionnaire, l'argent et l'honneur

3. – Au capitaine d'un navire anglais lui disant « *Vous, Français, vous vous battez pour l'argent. Tandis que nous, Anglais, nous nous battons pour l'honneur* », le corsaire Surcouf lui répondit « *Chacun se bat pour ce qui lui manque* ». Deux siècles plus tard, le législateur a jugé pertinent de s'intéresser à l'honneur et à l'argent des serviteurs de la chose publique.

Le nouvel article 25 du Titre I du statut général de la fonction publique énumère pêle-mêle et sans exhaustivité les obligations déontologiques qui s'imposent aux fonctionnaires et aux agents publics. Le législateur a fait le choix d'énumérer un certain nombre de valeurs morales sous la forme suivante : « *Le fonctionnaire exerce ses fonctions avec dignité, impartialité, intégrité et probité* ». Le terme d'intégrité qui ne figurait pas dans le projet de loi initial a fait son apparition dans la lettre rectificative du 17 juin 2015.

Malgré l'innovation que constitue l'inscription de ces qualités au fronton du statut général, celles-ci étaient déjà toutes exigées de la part des agents publics comme a pu le rappeler la jurisprudence administrative rendue notamment en matière disciplinaire et qui avait depuis longtemps substitué son action au silence complet ou partiel du Parlement.

Bien qu'il soit évidemment impossible de définir des notions à géométrie variable et qui constituent de véritables standards, il n'en demeure pas moins nécessaire de tenter d'en cerner au moins approximativement le contenu.

Le terme de dignité était employé par le statut de la fonction publique de l'État de Vichy avant d'être abandonné par les statuts démocratiques après la Libération. Mais sa disparition statutaire n'a pas empêché sa résurrection jurisprudentielle tendant à confondre souvent obligation de dignité et obligation de moralité, voire honneur professionnel. La dignité des fonctions est également un standard employé par les textes relatifs au cumul d'activités. Dans tous les cas cette obligation a pour vocation de protéger essentiellement la réputation de l'administration et du corps dont relève le fonctionnaire défaillant. Son champ est donc large et dépasse souvent le cadre du service, ce qui n'est pas dit explicitement par le législateur de 2016. Nous reviendrons sur ce point un peu plus loin. La dignité à laquelle semble faire référence le Parlement est celle de la dignité de la fonction mais qui n'exclut évidemment pas la dignité du fonctionnaire.

L'article 25 de la loi du 13 juillet 1983 exige des agents publics un exercice impartial des fonctions, cette qualité étant d'ailleurs rappelée à propos de la prévention des conflits d'intérêts. Bien que les termes puissent couramment être présentés comme synonymes, les notions d'impartialité et de neutralité des agents publics ne se recoupent pas. L'impartialité ne bride pas, contrairement à l'exigence de neutralité, la liberté d'expression des agents publics. Elle se situe sur un autre champ relevant plutôt du comportement de l'agent à l'égard des usagers ou de candidats à l'accès à la fonction publique ou à la commande publique. L'impartialité a partie liée avec les procédures administratives. Dès 1949, le Conseil d'État avait érigé en principe général du droit l'impartialité des membres d'un organisme administratif chargé de prendre des décisions. La jurisprudence administrative a depuis, sous l'influence de la Cour européenne des droits de l'homme développé, une approche pragmatique reposant à la fois sur une conception objective et subjective de l'impartialité.

Le terme de probité, employé dans les lois d'amnistie, renvoie quant à lui plutôt à une exigence de moralité que l'on pourrait qualifier de financière. Pour reprendre les mots de Suzanne Grévisse, la probité, c'est « *l'honnêteté, le respect des biens et de la propriété d'autrui* ». La jurisprudence, même sans texte, et avant l'intervention du législateur en 2016, avait eu l'occasion d'apprécier l'infliction de sanctions disciplinaires à l'aune de l'exigence de probité tandis que le Code pénal réprime les « *atteintes à la probité commises par des personnes exerçant une fonction publique* ».

Enfin, le terme d'intégrité interroge quelque peu quant à sa signification. La notion d'intégrité est plus large que celle de probité. Elle renvoie non seulement, à l'instar de la probité, à une honnêteté financière, mais aussi à un comportement moral irréprochable et est exclusive de toute forme de corruption. L'étude d'impact de la lettre rectificative du 17 juin 2015 présente l'intégrité comme « *le désintéressement inhérent à l'exercice d'une fonction publique* ». Plus prosaïquement, l'ajout de l'intégrité fait écho à la rédaction de l'article 1er de la loi n° 2013-907 du 11 octobre 2013 selon lequel « *Les membres du Gouvernement, les personnes titulaires d'un mandat électif local ainsi que celles chargées d'une mission de service public exercent leurs fonctions avec dignité, probité et intégrité (...)* ».

En rappelant les notions de dignité, d'impartialité, d'intégrité et de probité qui s'imposent aux agents publics dans l'exercice de leurs fonctions, le législateur permet de fonder des poursuites disciplinaires sur des manquements à des obligations non plus jurisprudentielles mais statutaires nettement indépendantes des infractions pénales pouvant s'y rattacher (détournement de fonds publics, favoritisme, discrimination, corruption, trafic d'influence, concussion) renforçant ainsi au moins dans les esprits, si ce n'est juridiquement, l'indépendance des actions pénale et disciplinaire.

Le Parlement a souhaité également rassembler les agents publics autour d'un socle de valeurs morales communes et ainsi rendre plus faciles l'accès à l'information sur ce sujet par son instauration au sein du statut général de la fonction publique. La même intention se retrouve s'agissant des relations que peut entretenir le fonctionnaire avec la politique et la religion.

b) Le fonctionnaire, la politique et la religion

4. – Le nouvel article 25 de la loi du 13 juillet 1983 dispose que « *dans l'exercice de ses fonctions, (le fonctionnaire) est tenu à l'obligation de neutralité* ». Parfois confinée, pour des raisons historiques à la neutralité scolaire, la jurisprudence administrative avait, après la Seconde Guerre mondiale, astreint les agents publics à « *un strict devoir de neutralité* » dans l'exercice de leurs fonctions. Cette restriction à la liberté d'expression dans les domaines politiques et religieux a été acceptée de manière quasi unanime en raison de ce qu'elle n'était applicable que dans l'exercice des fonctions. Comme l'écrivait Georges Burdeau, il y a quarante ans, « *Les agents publics, en dehors de leur service, disposent d'une pleine liberté pour manifester leur opinion, fût-elle hostile aux gouvernants en place, pourvu qu'elle ne porte pas atteinte au loyalisme que le pays lui-même est en droit d'attendre de tous les citoyens* ». La neutralité appréhendée par le législateur de 2016 revêt un double aspect.

Elle se présente d'abord sous la forme d'une obligation négative, consistant en une obligation de ne pas faire, interdisant à l'agent de faire état de ses convictions politiques et religieuses et reprend finalement à son compte les interdits posés par la jurisprudence administrative. L'article 25 du statut général précise dans le cadre du principe de laïcité, que le fonctionnaire « *s'abstient notamment de manifester, dans l'exercice de ses fonctions, ses opinions religieuses* ». Sur ce point, le Parlement a suivi l'avis du Conseil d'État du 11 juin 2015 en abandonnant la rédaction qui lui avait été proposée et qui revenait à créer une incrimination spécifique : « *le fait pour un fonctionnaire de manifester, dans l'exercice de ses fonctions, ses croyances religieuses, constitue un manquement à ses obligations professionnelles* ».

Mais le versant positif de la neutralité est également rappelé par la loi qui impose que « *le fonctionnaire traite de façon égale toutes les personnes et respecte leur liberté de conscience et leur dignité* ». L'obligation d'abstention se transforme ici en une obligation de faire et donne au fonctionnaire un rôle actif à jouer. Ce rappel de l'obligation de neutralité dans toutes ses dimensions aurait pu suffire. Le législateur a pourtant cru bon d'exiger en sus, que « *le fonctionnaire exerce ses fonctions dans le respect du principe de laïcité* », faisant ainsi écho à l'article L. 100-2 du Code des relations entre le public et l'administration qui énonce à propos de l'administration : « *Elle est tenue à l'obligation de neutralité et au respect du principe de laïcité* ». La redondance est donc de mise d'autant que selon l'article 1er de la Constitution la France est une République laïque. Les préoccupations d'ordre politique et la volonté de réaffirmer la laïcité de la fonction publique dans un contexte marqué par les attentats à Paris ont pris le pas sur les considérations purement juridiques qui pouvaient même faire douter de la nécessité d'inscrire la neutralité dans le statut général alors que la jurisprudence rappelle cette obligation depuis plus de 60 ans.

Ces aspects, même s'ils peuvent être débattus, ne doivent pas faire oublier un point essentiel qui est celui de la conventionnalité de la loi française par rapport à l'article 9 de la Convention européenne des droits de l'homme. La Cour de Strasbourg a en effet jugé, à propos d'un agent contractuel de la fonction publique hospitalière exerçant les fonctions d'assistance sociale en service de psychiatrie, que l'État français pouvait interdire aux agents de manifester leurs croyances religieuses dans l'exercice de leurs fonctions au nom de la neutralité de l'État. Néanmoins, cette atteinte à la liberté de conscience des agents publics ne doit pas être disproportionnée et le non-renouvellement d'un contrat peut être valablement motivé par le refus de son bénéficiaire de ne pas faire état de ses convictions religieuses en ôtant son voile.

Les aspects religieux du principe de neutralité ont pris le pas sur les questions politiques. Le législateur a cependant été bien avisé de faire le choix de la neutralité et de ne pas se cantonner aux questions relatives à la laïcité. Certaines affaires disciplinaires, relatives notamment à l'enseignement de l'histoire et à la présentation de certains faits, montrent bien qu'il convient à l'administration de demeurer vigilante quant au respect de la neutralité politique des services publics.

Tous ces motifs de satisfaction ne doivent pas toutefois occulter l'impression d'une rédaction sans grande ambition, non affranchie de certains paradoxes et qui laisse à penser que le législateur, comme souvent, presque effrayé de sa propre audace, s'est arrêté au milieu du gué. Par les observations qui suivent nous souhaitons contribuer au débat et en donner quelques illustrations.

2) Des déceptions

5. – Il est dommage que le législateur n'ait pas choisi de consacrer statutairement un certain nombre d'obligations dégagées depuis longtemps par le juge administratif. En outre, le champ d'application de la déontologie semble restreint à l'exercice des fonctions et laisse donc en suspens la question des obligations et de la déontologie en dehors du service.

a) Des obligations manquantes

6. – De manière étonnante, ni l'obligation de réserve ni l'obligation de loyauté ne font leur apparition au sein du statut général de la fonction publique.

Tout d'abord, l'article 25, voire les articles qui le suivent, souffre d'incomplétude. Parler de déontologie des fonctionnaires tout en demeurant muet sur la question de l'obligation de réserve relève d'un choix discutable mais qui confirme celui déjà fait en 1983 pour des raisons clairement politiques. La nouvelle rédaction de l'article 25 du statut ne fait pas mention de l'obligation de réserve qui incombe à tout agent public tant dans l'exercice de ses fonctions qu'en dehors. L'obligation demeurera donc jurisprudentielle. Pour se justifier, le Gouvernement, en 1983, avait allégué la difficulté de synthétiser une jurisprudence particulièrement subtile et pragmatique. Pour faire taire les critiques, les auteurs du statut faisaient valoir que l'absence de toute référence à l'obligation de réserve interdirait au Gouvernement en contrepartie d'affirmer la liberté d'expression du fonctionnaire et rappelaient leur attachement au principe de neutralité du service. Enfin, il était rappelé que l'absence de mention de l'obligation de réserve « *ne modifie pas la portée de cette obligation qui continuera à être appréciée au cas par cas par le juge* ». Trente années plus tard, la même argumentation a été reprise à l'occasion d'amendements déposés tendant à inscrire l'obligation de réserve dans le statut général. Madame la rapporteure Françoise Descamps-Crosnier répondait à ce sujet à l'Assemblée nationale : « *L'obligation de réserve fait déjà partie des obligations applicables aux fonctionnaires, la jurisprudence administrative étant très abondante sur ce point. Il a été envisagé, un temps, de la consacrer dans le projet de loi, mais cela n'a pas paru opportun, la portée de cette obligation étant très variable selon les fonctions de l'agent, son rang hiérarchique, les circonstances... Il a donc paru préférable de s'en remettre à la jurisprudence.* » Pas plus qu'en 1983 l'argumentation, plus politique que juridique et surtout destinée à ne pas heurter les organisations syndicales, ne convainc pas d'autant que le législateur de 2016 a finalement inscrit l'obligation de réserve à l'égard des membres du Conseil d'État, des magistrats des tribunaux administratifs et des cours administratives d'appel au sein du Code de justice administrative. Il en a fait de même au sujet des magistrats des chambres régionales des comptes.

Ensuite, il est pour le moins étonnant que le législateur n'ait pas cru bon de faire usage du terme de loyauté. La loyauté se caractérise par la « *fidélité à tenir ses engagements* ». Elle fonde la confiance. Certes, comme le rappelait dans l'un de ses articles le professeur Jean Rivero, « *pour le fonctionnaire, la loyauté n'est ni facile, ni simple ; il lui faut couler sa droiture d'homme dans le jeu des règles, des mécanismes, des nécessités de l'État* ». Toutefois, le recours à la notion de loyauté aurait permis de rassembler des obligations qui semblent éparses et éviter l'effet de catalogue ou d'inventaire disparate. La loyauté du fonctionnaire doit s'exercer à plusieurs titres et à des degrés divers selon à qui elle est destinée : sans faille à l'égard des institutions et de la Nation, elle peut être bien plus mesurée à l'endroit du Gouvernement et de l'autorité hiérarchique. Elle doit aussi bénéficier aux usagers. C'est de la loyauté dont découlent les obligations d'obéissance hiérarchique, de réserve, d'impartialité, de neutralité, de discrétion et de secret professionnel ou bien encore de prévention des conflits d'intérêts. L'on ne peut s'empêcher de regretter que le législateur ne se soit pas emparé de cette notion pour rassembler les obligations des agents publics autour d'une valeur aussi forte. Elle aurait pu être complétée par une obligation d'intégrité déclinée autour de la probité, de l'interdiction de prendre des intérêts dans une entreprise et des bonnes mœurs. Pour autant la loi ne se serait pas transformée en traité de morale, elle aurait seulement organisé les devoirs professionnels des fonctionnaires et la déontologie et aurait rassemblé autour de deux pôles très attractifs des obligations qui ont tendance à être considérées isolément et indépendamment les unes des autres.

Ces lacunes se conjuguent avec l'absence réelle d'extension du champ d'application de la déontologie des fonctionnaires.

b) Une extension en trompe-l'œil du champ déontologique

7. – En apparence, la loi du 20 avril 2016 renforce les obligations et la déontologie de la fonction publique. Pourtant, la réalité semble plus complexe notamment si l'on s'intéresse au champ d'application. En effet, les obligations mentionnées au nouvel article 25 de la loi du 13 juillet 1983 consacrent toutes une déontologie dans l'exercice des fonctions. Celles-ci semblent accréditer l'idée que la déontologie s'exerce dans le service et qu'en dehors cessent les obligations professionnelles. Cette conception, d'ailleurs déjà présente dans le statut de 1983, ne reflète pourtant pas l'état du droit de la fonction publique puisque des obligations s'imposent aux agents publics en dehors du service, et même dans le cadre de la vie privée. Il en va ainsi de l'obligation de réserve, de l'obligation de moralité, de l'interdiction faite à l'agent public de jeter le discrédit par son comportement sur son administration. Comment expliquer sinon qu'un fonctionnaire peut être révoqué pour avoir, en dehors du service, commis des « indélicatesses » dans des magasins, réalisé des cambriolages, exercé des violences ou proféré des menaces ? Certes, l'administration, à l'occasion de l'exercice de son pouvoir disciplinaire, devra tenir compte du grade de l'agent, de la nature des missions exercées et du corps auquel il appartient ainsi que du degré de publicité des faits et de l'atteinte portée à la réputation de l'administration.

L'absence de ces éléments dans le statut donne un mauvais exemple. En effet, les codes, chartes et guides de déontologie rappellent rarement aux agents qu'ils sont astreints même en dehors du service au respect de certaines obligations et que les obligations de réserve, de probité et de dignité ne s'interrompent pas à la sortie des locaux. Il faut probablement déceler dans ces oublis, volontaires ou non, les progrès de l'individualisme, la crainte d'attenter à la vie privée des agents et peut-être aussi la méconnaissance de la jurisprudence administrative. Ainsi, la loi du 20 avril 2016 n'a pas étendu le champ d'application des obligations s'imposant aux fonctionnaires. Bien au contraire, elle renforce l'impression que la déontologie est confinée à l'espace public et au service. Ce n'est pas le moindre des paradoxes de ce nouveau texte.

Pour conclure, une dernière interrogation mais qui ne peut être un reproche adressé au législateur. Il est louable de réaffirmer avec la force juridique et solennelle de la loi les obligations qui s'imposent aux agents publics, quitte à s'en tenir plus ou moins à une codification jurisprudentielle. Mais il en est une autre de faire respecter lesdits principes en pratique. À ce titre, le recours aux sanctions disciplinaires apparaît parfois aux employeurs publics comme une entreprise périlleuse, chronophage et conflictuelle. Même le simple rappel aux obligations déontologiques peut s'avérer délicat selon le contexte social ou religieux. Restaurer la confiance des citoyens dans la fonction publique, puisque tel est le but avoué de la loi du 20 avril 2016, requerra de l'autorité administrative et des élus autant de courage que de discernement.

- ***Document 5 : Hélène Tissandier, « Interdiction du port du voile dans un établissement public : un renfort européen », JSL, janv. 2016.***

CEDH, 26 nov. 2015, Ebrahimian c/France, req. n° 64846/11

Les faits

Mme X fut recrutée en CDD du 1er octobre au 31 décembre 1999 en qualité d'agent de la fonction publique hospitalière comme assistante sociale au service de psychiatrie du Centre d'accueil et de soins hospitaliers de Nanterre (« CASH »), un établissement public de la ville de Paris. Le contrat fut prolongé d'un an mais, le 11 décembre 2000, le DRH l'informa que son contrat ne serait pas renouvelé en raison du refus de Mme X d'enlever son voile malgré les plaintes de certains patients, et donc du non-respect du principe de neutralité des services publics et de l'interdiction des agents d'afficher leur appartenance religieuse. Au soutien de cette décision, le DRH lui rappela par écrit l'avis du Conseil d'État du 3 mai 2000 : si la liberté de conscience des agents publics est garantie, le principe de laïcité de l'État fait obstacle à ce qu'ils disposent, dans l'exercice de leurs fonctions, du droit de manifester leurs croyances religieuses. Par conséquent, le port d'un signe destiné à marquer une appartenance à une religion constitue un manquement, pour l'agent, à ses obligations.

Les demandes et argumentations

Mme X demanda au Tribunal administratif de Paris l'annulation de la décision du 11 décembre 2000. Le 17 octobre 2002, le tribunal jugea le non-renouvellement du contrat conforme aux principes de laïcité et de neutralité des services publics. Mais, par un arrêt du 2 février 2004, la Cour administrative d'appel de Paris infirma la décision pour non-respect de la procédure disciplinaire.

Le DRH recommença celle-ci et réitéra à son terme la décision de non-renouvellement du CDD. La salariée saisit à nouveau le tribunal administratif en annulation de cette décision : la requête fut rejetée le jugement confirmé en appel et le pourvoi en cassation non-admis. Aussi est-ce devant la Cour européenne des droits de l'Homme que se présenta la salariée. Invoquant l'article 9 (droit à la liberté de pensée, de conscience et de religion), la requérante se plaint que le non-renouvellement de son contrat d'assistante sociale est contraire à son droit à la liberté de manifester sa religion. Elle prétend en particulier que cette ingérence ne poursuit pas un but légitime dès lors qu'aucun incident ou trouble ne sont survenus au cours de l'exercice de ses fonctions au sein du CASH. Elle déduit de la jurisprudence de la Cour qu'un État peut limiter la liberté de manifester une religion, par exemple le port du foulard islamique, si l'usage de cette liberté nuit à l'objectif visé de protection des droits et liberté d'autrui, de l'ordre et de la sécurité publique. Or, le port d'une simple « coiffe » ne génère pas ces désordres et elle souligne qu'elle a pu la porter, sans qu'aucune remarque ne lui soit faite, jusqu'à un changement de poste. L'ingérence serait injustifiée et disproportionnée.

La décision, son analyse et sa portée

La Cour reconnaît que le port du voile est l'expression de l'appartenance de la salariée à la religion musulmane et que le non-renouvellement de son contrat est motivé par son refus de l'enlever, ce qui doit s'analyser comme une ingérence dans son droit à la liberté de manifester sa religion garantie par l'article 9 de la Convention. Mais cette ingérence est prévue par la loi nationale, clarifiée par l'avis du Conseil d'État du 3 mai 2000 qui détermine les modalités de l'exigence de neutralité religieuse des agents publics : « Si les agents du service de l'enseignement public bénéficient comme tous les autres agents publics de la liberté de conscience qui interdit toute discrimination dans l'accès aux fonctions comme dans le déroulement de la carrière qui serait fondée sur leur religion, le principe de laïcité fait obstacle à ce qu'ils disposent, dans le cadre du service public, du droit de manifester leurs croyances religieuses ». La Cour juge que l'avis « détermine clairement les modalités de l'exigence de neutralité religieuse des agents publics dans l'exercice de leurs fonctions (...) et satisfait à l'exigence de prévisibilité et d'accessibilité de la loi ».

• Une ingérence nécessaire dans une société démocratique ?

Le contrôle de la Cour va alors porter sur la justification de cette ingérence pour conclure qu'elle est nécessaire dans une société démocratique, au terme d'une argumentation en trois temps.

Première interrogation, déterminante : quel est le but poursuivi à travers l'obligation de neutralité religieuse des agents publics ? La Cour admet que l'ingérence litigieuse poursuivait le but légitime qu'est la protection des droits et libertés d'autrui, et que cette restriction ne devait pas nécessairement être motivée, en plus, par des contraintes de « *sécurité publique* » ou de « *protection de l'ordre* ».

Seconde interrogation : une telle ingérence est-elle nécessaire dans une société démocratique ? La Cour admet que l'obligation de neutralité des agents est justifiée dans son principe. Et rappelle que, si la liberté de conscience des agents est totale, il leur est cependant interdit de manifester leurs croyances religieuses dans l'exercice de leurs fonctions – cette restriction trouvant sa source dans le principe de laïcité de l'État et dans celui de neutralité des services publics. Elle en déduit que le fait que les juridictions aient accordé davantage de poids au principe de laïcité-neutralité qu'à l'intérêt de la salariée de ne pas limiter l'expression de ses croyances religieuses ne pose pas de problème au regard de la Convention.

Encore faut-il néanmoins que le juge administratif veille à ce que l'administration ne porte pas une atteinte disproportionnée à la liberté de conscience des agents publics lorsque la neutralité de l'État est invoquée. Mme X ayant bénéficié des garanties de la procédure disciplinaire ainsi que des voies de recours devant les juridictions administratives, la Cour estime que les autorités nationales n'ont pas outrepassé leur marge d'appréciation en constatant l'absence de conciliation possible entre les convictions religieuses et l'obligation de s'abstenir de les manifester, ainsi qu'en décidant de faire primer l'exigence de neutralité et d'impartialité de l'État.

• Laïcité et neutralité religieuse : des principes aux déclinaisons variées

Si le principe fondamental de la liberté d'expression des croyances religieuses a vocation à s'appliquer dans tout contexte, Conseil d'État et Cour de cassation semblent attentifs aux « *accommodements raisonnables* » chers aux juges strasbourgeois. Et si l'on conjugue la jurisprudence des juridictions administratives et celle des juridictions judiciaires, appréciées à l'aune de la jurisprudence de la Cour européenne des droits de l'Homme, certaines catégories se dégagent qui aident à déterminer si et comment la neutralité religieuse (*ou le principe de laïcité – V. P. Adam, « Les laïcités et l'entreprise privée », Dr. soc. 2015, p. 708*) peut être imposée à un travailleur. Le contentieux étant disciplinaire, il convient d'apprécier la légitimité de l'injonction de retirer le voile. Une distinction s'impose alors selon que l'organisation concernée est en charge ou non d'un service public.

Dans le premier cas, le principe de neutralité vaut pour tous les services publics mais la réponse doit être nuancée. S'il s'agit d'un établissement public, le principe de neutralité peut par principe l'emporter, comme en l'espèce, quoique l'éventuelle sanction disciplinaire contre un agent puisse être décidée en fonction « de l'ensemble des circonstances de l'espèce et, entre autres, de la nature et du degré du caractère ostentatoire de ce signe, de la nature des fonctions confiées à l'agent, ainsi que de l'exercice par lui soit de prérogatives de puissance publique, soit de fonctions de représentation » (*CAA Lyon, 27 nov. 2003, aff. Ben Abdallah*). S'il s'agit d'une entreprise privée en charge d'une mission de service public, la Chambre sociale de la Cour de cassation a considéré que « les principes de neutralité et de la laïcité du service public sont applicables à l'ensemble des services publics, y compris lorsque ceux-ci sont assurés par des organismes de droit privé » et que « si les dispositions du Code du travail ont vocation à s'appliquer aux agents des caisses primaires d'assurance maladie, ces derniers sont toutefois soumis à des contraintes spécifiques résultant du fait qu'ils participent à une mission de service public, lesquelles leur interdisent notamment de manifester leurs croyances religieuses par des signes extérieurs, en particulier vestimentaires » (*Cass. soc., 19 mars 2013, n° 12-11690*). Ce n'est dès lors pas l'article L. 1121-1 du Code du travail qui sera l'instrument de mesure de la justification de la restriction apportée à la liberté religieuse, la Cour de cassation considérant, en l'espèce, « que la restriction instaurée par le règlement intérieur de la caisse était nécessaire à la mise en œuvre du principe de laïcité de nature à assurer aux yeux des usagers la neutralité du service public ».

En revanche, dans le second cas, le principe de laïcité, ou plus précisément l'exigence de neutralité qui pèse sur les travailleurs publics (ou en charge d'un service public), n'est pas applicable aux salariés du secteur privé. Si une entreprise privée peut néanmoins limiter la liberté d'expression religieuse de ses salariés, ce ne peut être que dans le respect des conditions de l'article L. 1121-1 du Code du travail : l'obligation de neutralité ne doit pas être générale, elle doit être justifiée par la nature de la tâche à accomplir et proportionnée au but recherché (*Cass. Ass. plén., 25 juin 2014, n° 13-28369*).

La Cour européenne des droits de l'Homme, avec cette nouvelle décision relative au port du voile en France, ne remet pas en cause l'édifice jurisprudentiel. D'ailleurs, dans l'affaire *Baby loup*, la salariée n'a pas pris le risque de saisir cette juridiction, tant était grande la probabilité que la restriction à la liberté religieuse soit considérée comme justifiée, pour lui préférer la saisine du Comité des droits de l'homme des Nations unies à l'encontre de la France pour violation de certaines dispositions du Pacte international relatif aux droits civils et politiques. Il est donc certain que le débat sur cette question n'est pas clos.

• *Document 6 : « La tentation de la laïcité », Entretien avec Frédéric Gea, SSL 2014.*

Semaine sociale Lamy : L'affaire Baby Loup continue d'alimenter les débats sur la laïcité. Cette notion ne donne-t-elle pas lieu à des interprétations divergentes ?

Frédéric Géa : Oui, et c'est l'un des facteurs qui contribuent à rendre, en la matière, dans les différents registres de discours, les discussions complexes voire délicates. La notion de laïcité donne lieu à un foisonnement de conceptions et de sens. D'où le fait qu'elle soit l'objet de toutes les équivoques. À une laïcité « doctrinaire », plus rigide et séparatiste, ferait face une laïcité plus souple, plus ouverte – « neutre ». À la laïcité politique, considérée pendant longtemps comme progressiste, a été opposée une nouvelle laïcité, présentée comme « *culturelle et identitaire* ». À la loi de 1905 qui, il faut le rappeler, consacra la garantie par la République de la liberté du culte ainsi que son aspect public, succéda notamment l'inscription de la laïcité dans la Constitution, la laïcité-séparation faisant place à la laïcité-neutralité. Point n'était alors question de confiner la religion dans la sphère intime, privée. C'est dire que cette notion apparaît controversée et demeure au cœur d'affrontements : de l'individuel et du collectif, du privé et du public, de la masculinité et de la féminité, de l'identité et de l'altérité, du juridique et du politique...

Naturellement, les conflits de valeurs à son sujet dépassent désormais notre cadre national : ils sont même attisés par l'entrechoc de modèles opposés (laïcisation, sécularisation, multiconfessionnalisme, etc.), y compris au sein de l'Europe.

SSL : C'est en délimitant le champ d'application du principe de laïcité tiré de la Constitution que la Cour de cassation avait, dans ses arrêts du 19 mars 2013, tenté de répondre à la question du port du voile dans l'entreprise...

F. G. : Le choix de rendre, le même jour, deux arrêts conduisant à définir le champ d'application du principe de laïcité instauré par l'article 1er de la Constitution, selon que l'entreprise de droit privé assure ou non une mission de service public, marquait bien le souci de la Cour d'apaiser un débat qui assurément avait besoin de l'être et de ne pas se focaliser sur le port du voile islamique.

C'est, au fond, sur le terrain de la confrontation de la liberté religieuse au principe de laïcité que la problématique a été située. Choix assurément salutaire et dont il faut savoir gré à la chambre sociale. Simplement, ce qui visait à désamorcer les équivoques tendait à dissoudre ce qui faisait la singularité du cas – et sa problématicité, en l'occurrence le fait qu'il s'agissait d'une crèche ayant pour vocation d'accueillir de jeunes enfants de toutes cultures et de toutes religions. Surtout, cette approche consistant à soumettre au principe de laïcité les salariés des employeurs de droit privé qui gèrent un service public – peu important, finalement, les fonctions des intéressés et le fait qu'ils soient ou non en contact avec le public – et à l'évincer pour les salariés d'une crèche privée, en dépit de sa mission d'intérêt général, pouvait paraître quelque peu artificiel... Et ce, d'autant que cette analyse conduit à réserver un traitement différent à des personnels de crèches ayant une nature juridique différente, mais participant à la même mission : liberté de religion pour les uns, principe de neutralité pour les autres. Dans cette construction, une notion se trouve reléguée dans la marge : l'intérêt général.

SSL : Vous estimez que cette notion aurait dû être introduite dans le débat ?

F. G. : La jurisprudence du Conseil d'État offrait des ressources permettant de dépasser l'alternative binaire consacrée par les arrêts du 19 mars 2013. Lorsque le législateur n'a ni attribué ni écarté cette qualification, un organisme privé peut être reconnu en charge d'une mission de service public s'il est investi d'une mission d'intérêt général, se voit attribuer des prérogatives de puissance publique et se trouve soumis à un contrôle de l'Administration. Mais le Conseil d'État est venu préciser que le critère lié aux prérogatives de puissance publique n'était pas, en soi, déterminant : « même en l'absence de telles prérogatives, une personne privée doit également être regardée, dans le silence de la loi, comme assurant une mission de service public lorsque, eu égard à l'intérêt général de son activité, aux conditions de sa création, de son organisation ou de son fonctionnement, aux obligations qui lui sont imposées ainsi qu'aux mesures prises pour vérifier que les objectifs qui sont assignés sont atteints, il apparaît que l'Administration a entendu lui confier une telle mission » (*CE, 22 févr. 2007, Association du personnel relevant des établissements pour inadaptés, Lebon, n° 92, concl. Verot ; adde, not. : CE, 10 juin 2013, n° 327375*). Cette jurisprudence n'offrait-elle pas un fondement pour reconnaître le caractère de service public à ces crèches privées, en progression constante, financées par la Caisse nationale des allocations familiales, subventionnées par les collectivités elles-mêmes (conseils généraux, communes), devenant ainsi de véritables partenaires des municipalités à travers ce qu'il faut bien désigner comme une délégation de compétences ? Est-il douteux que la mission confiée à ces opérateurs privés est d'intérêt général ? Cette notion d'intérêt général – qui conserve sa centralité dans notre droit, par exemple dans la jurisprudence du Conseil constitutionnel – pouvait sûrement jouer un rôle utile dans ce débat. Ne serait-ce que parce qu'elle contribue, à sa manière, à dépasser une approche individualiste du (des) droit(s).

SSL : Et c'est ce raisonnement que reprend la Cour d'appel de Paris ?

F. G. : Cette analyse étant justement celle que la chambre sociale de la Cour de cassation a écartée, il n'apparaissait pas judicieux pour la Cour d'appel de Paris de se l'approprier telle quelle, sauf à s'exposer – ou se surexposer – à la censure de l'assemblée plénière. À la manière d'un « pied de nez », les magistrats parisiens ont cependant cru bon de réintroduire la notion à laquelle elle s'adosse, en prenant soin de relever que les missions de l'association « sont d'intérêt général, au point d'être fréquemment assurées par les services publics » et d'être financées par des subventions versées notamment par l'État, plusieurs collectivités territoriales et la Caisse d'allocations familiales.

Il y a là, à coup sûr, une mise en cause – indirecte – du raisonnement échafaudé par la chambre sociale. Mais, prudente, la cour d'appel s'abstient d'en tirer une quelconque conséquence quant à la qualification de mission de service public. C'est sur un autre plan, en définitive, qu'elle déploie son analyse...

SSL : « Plus convaincant est l'argument sur la liberté de pensée, de conscience et de religion "à construire pour chaque enfant" »

Celui du principe de neutralité et donc de la laïcité ?

F. G. : Nul doute qu'une certaine conception de la laïcité inspire, irrigue la motivation de la décision de la Cour d'appel de Paris. Invoquer, comme le font ici les magistrats parisiens, le respect de la pluralité des options religieuses au profit desquelles est mise en œuvre une insertion sociale et professionnelle aux métiers de la petite enfance revient à postuler que l'insertion – l'intégration ? – passe par l'effacement des différences (visibles). Il y a là un parti pris auquel il est permis de ne pas souscrire, au nom d'une conception alternative de la laïcité... Plus convaincant est, à mes yeux, l'argument centré sur l'accueil de la petite enfance et la nécessité de protéger la liberté de pensée, de conscience et de religion « *à construire pour chaque enfant* », pour reprendre les termes utilisés par la cour d'appel, à la faveur d'une reformulation des deux premiers points de l'article 14 de la Convention relative aux droits de l'enfant du 20 novembre 1989, lesquels prescrivent aux États parties de respecter cette triple liberté ainsi que le droit et le devoir des parents (ou, le cas échéant, des représentants légaux) de l'enfant de guider celui-ci, à ce titre, d'une manière qui corresponde au développement de ses capacités. Là réside, de mon point de vue, la justification essentielle, celle que l'on ne peut écarter d'un revers de main, et qui se rapporte à un intérêt juridiquement protégé. Cet intérêt, c'est à la fois celui des enfants en bas âge et celui de leurs parents, sous l'angle de leur devoir et de leurs responsabilités en matière d'éducation – donc de la liberté de choisir l'environnement de leurs enfants tant en matière de développement que d'éducation. Ce choix peut consister à inscrire l'enfant dans une crèche privée confessionnelle ou de ne point le faire.

La problématique des enfants en bas âge est, au demeurant, intégrée, bien qu'avec prudence, par la Cour européenne des droits de l'homme. Je songe à l'arrêt *Lucia Dahlab contre la Suisse* du 15 février 2001, à propos d'une institutrice suisse licenciée suite à son refus de retirer son foulard pour faire classe. Mettant en balance le droit de l'instituteur de manifester sa religion et la protection de l'élève à travers la sauvegarde de la paix religieuse, la Cour avait alors estimé que, dans les circonstances de l'espèce « et vu surtout le bas âge des enfants dont la requérante avait la charge » en tant que représentante de l'État, la mesure prise ne présentait pas un caractère déraisonnable. Et de conclure que « l'interdiction faite à la requérante de porter le foulard dans le cadre de son activité d'enseignement constituait une mesure "nécessaire dans une société démocratique" » *(req. n° 42393/98)*. Ce qui est déterminant, ce n'est pas la nature juridique de la structure mais la mission qui est la sienne, eu égard à une certaine représentation du monde.

SSL : La Cour d'appel de Paris convoque la notion d'« entreprise de conviction ».

F. G. : Il est manifeste que la Cour d'appel de Paris a cherché à puiser – ou à emprunter – une partie de son argumentation dans la jurisprudence de la Cour européenne des droits de l'homme. Certes, la notion d'entreprise de tendance laïque avait été défendue, avec force par une partie de la doctrine française (notamment par le regretté François Gaudu), avant de nourrir l'argumentation des avocats de la crèche Baby Loup. Rapporter cette notion au discours – au langage – de la CEDH procède évidemment d'une stratégie argumentative (ou rhétorique), visant à anticiper l'éventualité d'un recours ultérieur, le moment venu, devant cette juridiction. Cela étant, il faut souligner qu'au regard de la conception que la Cour se fait de la laïcité, l'appel à cette notion s'avère potentiellement plus pertinent et opérationnel que dans le système français. La laïcité suppose-t-elle une adhésion ? Relève-t-elle de la croyance ? Dans l'approche de la Cour européenne des droits de l'homme, il semble bien qu'une réponse positive s'impose. Au regard de la Convention, affirme-t-elle dans l'arrêt *Schüth contre Allemagne* du 23 septembre 2010, « un employeur dont l'éthique est fondée sur la religion ou sur une croyance philosophique peut [...] imposer à ses employés des obligations de loyauté spécifiques » *(req. n° 1620/03)*. Or la laïcité, aux yeux de la Cour de Strasbourg, n'est... qu'une conviction, philosophique certes, mais une conviction parmi d'autres. Du moins considère-t-elle que les partisans de la laïcité sont en mesure de se prévaloir de vues atteignant le « degré de force, de sérieux, de cohérence et d'importance » requis pour qu'il s'agisse de « convictions » au sens notamment de l'article 9 de la Convention

– et, plus précisément, de « convictions philosophiques » au sens de la seconde phrase de l'article 2 du protocole n° 1 (*CEDH, 18 mars 2011, Lautsi et a. contre Italie, req. n° 30814/06*). Dans ces conditions – ou, disons, dans cette perspective –, il peut y avoir des entreprises de conviction... laïques, tout comme il existe des entreprises fondées sur des convictions religieuses. Partant, les premières ont vocation comme les secondes à adopter des mesures nécessaires « visant à la préservation de la crédibilité » de la structure – pour emprunter, de nouveau, au langage de la Cour européenne (*CEDH, 23 sept. 2010, Obst c. /Allemagne, req. n° 425/03*), sous réserve – comme toujours – d'un équilibre entre les intérêts en présence.

SSL : « La jurisprudence de la CEDH offre une palette extrêmement diversifiée d'éléments de discours ou d'analyse ? »

Vous pensez donc que la jurisprudence de la CEDH conforte l'analyse de la Cour d'appel de Paris ?

F. G. : Je pense surtout que cette jurisprudence offre une palette extrêmement diversifiée d'éléments de discours (ou d'analyse) et qu'elle ouvre dès lors sur un réservoir d'arguments *pro* et *contra*... Il faut donc, à mon sens, se garder d'oublier que les décisions et orientations de la Cour, ses argumentations et ses raisonnements, parfois un peu filandreux, sont eux-mêmes interprétables.

Ici comme ailleurs, l'horizon de la solution unique ou univoque – celle que « dicterait » supposément la jurisprudence européenne – constitue un dogme, pour ne pas dire une mystification. Mieux vaut en avoir conscience. Certes, le droit de manifester sa religion sur le lieu de travail est protégé, mais la Cour européenne ne l'érige nullement en droit « absolu » : en toutes circonstances, il doit être mis en balance avec les droits d'autrui. Tel est l'enseignement porté par l'important arrêt du 15 janvier 2013 (*req. n° 48420/10, 59842/10, 51671/10 et 36516/10*). De là à conjecturer que la solution retenue dans l'affaire *Eweida contre Royaume-Uni* préfigure l'analyse qui pourrait être retenue par cette même juridiction si elle avait à connaître de l'affaire *Baby Loup*, il y a un pas que l'on ne saurait franchir : si le port du voile et celui d'une croix peuvent – ou doivent – être appréhendés juridiquement de la même manière, il ne me semble pas, en revanche, que l'on puisse identifier le souhait de l'employeur, s'agissant d'une compagnie aérienne, de véhiculer une « certaine image commerciale » à l'exigence de neutralité portée par le règlement intérieur d'une crèche. La défense, par un employeur, de l'image de marque de son entreprise n'a, de mon point de vue, rien à voir avec la promotion de la neutralité/laïcité au sein d'une crèche (non confessionnelle). Il n'y a ni analogie ni similitude...

SSL : Vous évoquez le règlement intérieur de Baby Loup. Quelles réflexions vous inspirent l'analyse de la Cour d'appel de Paris à ce propos ?

F. G. : Évidemment, je ne peux que faire le constat d'une singulière divergence d'appréciation : là où la Cour de cassation voyait une clause instaurant « une restriction générale et imprécise », la cour d'appel découvre, quant à elle, une « formulation suffisamment précise pour qu'elle soit entendue comme étant d'application limitée aux activités d'éveil et d'accompagnement des enfants à l'intérieur et à l'extérieur des locaux professionnels », et qui « n'a donc pas la portée d'une interdiction générale ». Voilà qui rappelle, de façon éclatante, que les dispositions d'un règlement intérieur sont objet d'interprétation. Le sens, mais aussi la portée, d'une clause sont forcément partiellement codéterminés par l'interprète, dont l'intervention contribue à préciser, en particulier, l'objet et les limites de la norme qui en est issue.

Est-ce à dire que les juges du fond, excepté pour les dispositions ayant donné lieu à modification à la demande de l'inspecteur du travail, disposent d'un pouvoir souverain dans l'interprétation de cet acte normatif unilatéral qu'est le règlement intérieur, sans limite aucune ? Non point... Limite il y a, et elle s'incarne dans le grief de dénaturation, lorsque la lecture des juges du fond procède moins d'une interprétation que d'une altération des termes mêmes de l'acte en cause. Cette fenêtre est étroite, mais elle existe. Seulement, le règlement intérieur a-t-il ici été dénaturé ? C'est toute la question.

SSL : Espérez-vous que le législateur intervienne pour mettre un terme à ce débat ?

F. G. : Je le souhaite effectivement, même si la perspective d'une intervention législative me semble enterrée. Qu'est devenue la proposition de loi visant à étendre l'obligation de neutralité aux structures privées en charge de la petite enfance ? L'intérêt, à mes yeux, d'un tel texte tient à ce qu'il permettrait d'identifier le (ou les) domaine(s) dans le (s) quel(s) le principe de laïcité et/ou de neutralité a vocation à s'appliquer, qui plus est en donnant corps à la conception de la laïcité qui la sous-tend.

Reste que, comme pour la loi de 2010 interdisant la dissimulation du visage dans l'espace public, la Cour européenne des droits de l'homme (ou, éventuellement, la Cour de justice de l'Union européenne) ne tarderait probablement pas à être saisie !

Propos recueillis par Françoise Champeaux

• *Document 7 : Felix Rome, « La laïcité n'est plus ce qu'elle était... », D. 2011.*

Un orgue, un ascenseur, un abattoir, une salle polyvalente, un bail emphytéotique... Telle est la liste de biens, meubles et immeubles (presque un petit catalogue à la Prévert, « Notre Père qui êtes aux cieux, restez-y ! »...), qui a donné l'occasion au Conseil d'État, via cinq décisions rendues le 19 juillet dernier (*V. D. 2011. 2045, obs. M.-C. de Montecler, et note M. Touzeil-Divina, à paraître*), de livrer sa conception du principe de laïcité. Dans les cinq affaires, qui, comme un fils de pasteur et néanmoins ami, en fronçant ses sourcils qu'il a très épais, me l'a fait remarquer, concernaient les seules religions catholique et musulmane, des collectivités territoriales avaient, peu ou prou, décidé de financer des activités cultuelles : acquisition d'un orgue et installation d'un ascenseur dans une église, aménagement d'un abattoir de moutons, mise à disposition d'une salle polyvalente, conclusion d'un bail emphytéotique en vue de la construction d'une mosquée. Toutes ces décisions avaient été attaquées pour violation de la loi de 1905 sur la séparation des Églises et de l'État, et de la devise « Liberté, Égalité, Neutralité » qui exprime l'essence du principe de laïcité.

Mais le Conseil d'État en a décidé autrement et a, pour les besoins de ces causes, exposé son interprétation contemporaine de cette grande loi républicaine. Ainsi, *brevitatis causa*, il a considéré qu'elle ne fait pas obstacle à ce qu'une collectivité territoriale finance des travaux en vue de la réalisation d'un équipement en rapport avec un édifice cultuel, et qu'elle autorise l'utilisation d'un équipement existant afin de permettre l'exercice de pratiques à caractère rituel, relevant du libre exercice des cultes. Ces atteintes objectives au principe de laïcité doivent, toutefois, pour échapper au grief d'illicéité, remplir certaines conditions. D'abord, l'équipement financé doit, et c'est l'essentiel, présenter un intérêt public local (culturel, touristique, économique, sanitaire, etc.). Ensuite, le financement ne doit pas constituer une libéralité au profit de l'association. Enfin, le local municipal mis à la disposition d'une association en vue d'y exercer une activité cultuelle ne doit pas l'être de façon pérenne et exclusive.

« Ni obsolescence, ni inadaptation : la loi de 1905 reste pleinement opérante » s'est félicité, dans un touchant exercice d'autosatisfaction, le vice-président de la plus haute juridiction administrative. « Laïcité tempérée et pragmatique », « Laïcité d'ouverture et de reconnaissance », se sont réjouis les commentateurs qui ont donné leur bénédiction au Conseil, en relevant que ses décisions s'inscrivaient parfaitement dans l'esprit de cette loi, imprégné de liberté et de tolérance. Fort bien ! Bien sûr, on « déplorera » l'atavique réaction du président en exercice du Parti radical de gauche, dont les détracteurs tancent l'esprit de chapelle, qui s'est inquiété « des brèches ouvertes dans la loi de 1905 », avec de telles décisions.

A la réflexion, sans pour autant sonner le tocsin, on peut sans doute quand même affirmer la laïcité n'est plus ce qu'elle était... La notion d'intérêt public local, en particulier, apparaît extrêmement flexible et constituer un terreau très fertile pour tous les petits arrangements avec ce principe fondateur du pacte républicain. L'actualité récente nous offre d'édifiantes illustrations des dérives auxquelles peut conduire la laïcité new-look repensée par le Conseil d'État. Ici, c'est le maire de Paris qui, pour justifier l'organisation et la prise en charge d'une « soirée du Ramadan » dans les locaux de l'hôtel de ville, oppose la dimension hautement culturelle du pince-fesses... Là, ce sont des associations musulmanes du XVIIIe arrondissement qui, alors que les pouvoirs publics proposent de mettre à leur disposition des casernes de pompiers désaffectées pour la prière du vendredi et éviter ainsi que les fidèles en soient réduits à prier dans la rue, revendiquent le respect de la sacralité de ces locaux, en d'autres termes en réclament une utilisation exclusive.

On pressent alors aisément que la vision libérale du principe de laïcité prônée par le Conseil d'État conduit à d'inextricables impasses et à de fâcheuses déconvenues, comme d'ailleurs tout compromis avec l'essentiel...

- ***Document 8 : Samuel Charalot, « L'État et la laïcité », La documentation française, juin 2016.***

1. Un principe consensuel à l'interprétation parfois problématique

Si la laïcité « fait maintenant partie du patrimoine national français », elle fait parfois l'objet d'interprétations contradictoires. Certes, l'idée va désormais de soi, sauf pour les religieux fondamentalistes, d'une séparation mutuelle, et donc d'une autonomie d'organisation de l'État et des Églises. Mais les avis divergent sur la question de savoir, par exemple, si le port du « foulard islamique » à l'école ou dans un établissement public, voire dans la rue, est conforme au principe de laïcité. De même, est-il admissible que l'État finance des établissements scolaires privés sous contrat, des aumôneries dans les prisons, les hôpitaux et les armées, les travaux de réfection de certains lieux de culte ou encore des plages horaires pour les religions dans l'audiovisuel public ? Et est-il envisageable de supprimer les jours fériés de l'Ascension ou de la Toussaint ? De ne pas faire classe les jours de Kippour et de l'Aïd ? D'imposer des menus de substitution dans les cantines scolaires ?

Ce type d'interrogation n'est pas nouveau. Loin d'être figée, l'application du concept de laïcité a varié en fonction des attentes du corps social. Actuellement, ces questions s'inscrivent dans le contexte d'une modification du paysage religieux en France, avec la montée de l'islam. Plus généralement, les équilibres trouvés entre l'État et les Églises depuis plus d'un siècle sont désormais modifiés par l'affirmation des identités religieuses.

À notre époque comme au moment des débats sur la loi du 9 décembre 1905 portant séparation des Églises et de l'État, s'affrontent deux conceptions de la laïcité : l'une, d'inspiration libérale et qui a prévalu en 1905, met l'accent sur la liberté religieuse ; l'autre, plus interventionniste, tend à « neutraliser » l'ensemble de l'espace public, c'est-à-dire à confiner la religion dans l'espace privé.

Autrement dit, si la séparation institutionnelle entre les religions et l'État est réalisée et stabilisée, la ligne de séparation sociale entre le domaine où peuvent s'exprimer les religions et le domaine areligieux du service public, voire de l'espace public, est parfois difficile à tracer. C'est donc bien le champ d'application du principe de laïcité qui continue à poser problème, et qui est le terrain d'affrontement entre une « laïcité d'ouverture » et une « laïcité de combat ». La laïcité apparaît ainsi comme une politique publique au service soit d'une République multiculturelle, voire communautariste, soit d'une République plus homogène et assimilatrice.

2. Objectifs et principes de la politique de laïcité

a) Un triple objectif de libération de la décision publique, de promotion de la liberté de conscience et de paix sociale

Si la justice consiste, selon Augustin, à « rendre à chacun ce qui lui est dû », la laïcité opère une juste séparation entre politique et religion.

D'une part, l'État devient autonome, souverain, maître des choix politiques, rompant ainsi avec la logique de dépendance qui prévalait partiellement jusque-là. Il devient admis que le fondement du pouvoir est immanent, basé sur un contrat social. Le processus de laïcisation débouche donc sur la démocratisation, sinon la rationalisation, de la décision publique. À titre d'exemple, dans un régime laïque, sur des sujets tels que l'interruption volontaire de grossesse (IVG) ou l'euthanasie, les arguments de type religieux ne sont pas recevables en tant que tels. La vie peut être défendue pour de multiples raisons, mais pas parce qu'elle serait un don de Dieu.

D'autre part, le principe de laïcité promeut la liberté de conscience – des croyants comme des non-croyants – et garantit l'égalité de leur traitement. La liberté religieuse a été reconnue en France aux protestants en 1789, aux juifs en 1791. À l'inverse, un État athée (comme l'était l'URSS) ou un souverain qui imposerait sa religion à ses sujets (comme sous la monarchie absolue en France) répriment nécessairement la liberté de conscience d'une partie des citoyens. La laïcité protège l'ensemble des croyants et des non-croyants en ne favorisant aucune catégorie et en défendant, le cas échéant, la liberté religieuse des uns contre l'oppression des autres.

Pour cette raison, le principe de laïcité est le meilleur cadre pour « vivre ensemble » dans une société largement plurielle. Il assure la coexistence pacifique des opinions et conjure le risque de guerres civiles religieuses comme celles qui ont marqué les sociétés européennes aux XVIe et XVIIe siècles.

Pour atteindre ces objectifs, l'État laïque mobilise deux principes :

- la garantie de la liberté religieuse, dans le respect de l'ordre public et des autres libertés ;
- la neutralité de l'État, dans le respect de la liberté religieuse.

Ces deux principes sont énoncés par les deux premiers articles de la loi du 9 décembre 1905.

Liberté de conscience et neutralité de l'État sont donc les deux piliers de la laïcité. Encore faut-il préciser que ces deux principes :

- **sont concrètement liés**, dans la mesure où l'exercice effectif de la liberté religieuse est dépendant des décisions publiques (en fonction, par exemple, du degré d'implication des finances publiques dans la construction et l'entretien d'un lieu de culte, de l'interdiction du port d'une tenue religieuse) et que, réciproquement, les pouvoirs publics sont conduits à des compromis dans le contexte de demandes religieuses ;
- **doivent être conciliés** car plus l'emprise du principe de séparation s'étend dans la sphère du service public, plus l'espace d'expression des croyances se réduit, et réciproquement.

Loin d'aller de soi, la coexistence entre pluralisme religieux et neutralité de l'État est en effet problématique. Ainsi, le lecteur qui, en parcourant la fin de l'article 2 de la loi de 1905, a été surpris et choqué de constater que l'État doit financer des aumôneries, trahit son adhésion spontanée à la conception d'une « laïcité de combat ». Dans cette perspective, en effet, les pouvoirs publics ne devraient apporter aucun concours, notamment financier, à l'exercice de la liberté de conscience. Le financement des aumôneries représente alors une anomalie, un vestige de l'État pré-laïque.

Mais si l'accent est mis sur la liberté de conscience garantie à l'article 1er, alors il apparaît que cette liberté de conscience, qu'elle prenne la forme d'une croyance religieuse ou non, doit pouvoir se traduire dans des pratiques et non rester dans le « for intérieur ». Selon cette interprétation, il n'est pas illogique que l'État laïque finance des aumôneries.

b) Premier principe : la reconnaissance de la liberté de conscience, dans le respect de l'ordre public et des autres libertés

La laïcité accroît les libertés : liberté des croyants et des non-croyants qui, dans des régimes confessionnels, peuvent être opprimés, et plus généralement, libertés individuelles comme le droit au divorce, à l'IVG ou au mariage homosexuel, rendus possibles par l'État laïque sans nuire aux croyants. Comme le dit l'historien et sociologue des religions Jean Baubérot : « Ce n'est pas par la répression mais par la promotion des libertés que la laïcité s'impose aux religions. »

Pour autant, la liberté religieuse est doublement limitée :

- elle s'exerce dans le respect de la liberté d'expression des autres, même si celle-ci prend la forme de pièces de théâtre ou de dessins ou caricatures considérés comme blasphématoires ;
- l'ordre public et les libertés fondamentales interdisent des pratiques telles que la répudiation, la polygamie et, depuis 2010, le port du voile intégral dans l'espace public. À cet égard, la lutte contre les dérives sectaires passe par la prévention et la répression des pratiques délictueuses, et non par la définition et, partant, la stigmatisation de telle ou telle organisation comme secte, ce qui serait contraire à la neutralité de l'État

c) Second principe : la neutralité de l'État, sans préjudice pour la liberté religieuse

La neutralité désigne ici l'attitude de l'État qui s'abstient de prendre position dans les domaines de la religion. Cette non-immixtion dans les affaires religieuses peut être vue sous trois angles :

- institutionnel : État et Églises sont organiquement distincts ;
- législatif et réglementaire : l'État n'impose, ne privilégie et n'interdit aucune religion ;
- financier : les pouvoirs publics ne subventionnent aucun culte.

En France, le principe de neutralité se traduit concrètement, et de façon consensuelle, par la neutralité du service public, qui implique que :

- les usagers du service public soient traités sans discrimination ;
- les agents ne disposent pas, « dans le cadre du service public, du droit de manifester leurs croyances religieuses » (*CE, avis, 3 mai 2000, Mlle Marteaux*).

Le principe de neutralité se traduit également par l'*interdiction de subventions publiques directes* aux cultes, à l'exception des aumôneries et de la pratique d'aides indirectes telles que les avantages patrimoniaux et fiscaux consentis aux congrégations et aux associations cultuelles, ou les baux emphytéotiques pour la construction d'un édifice cultuel.

Une nouvelle fois, toute la question est de savoir si la neutralité implique que l'État doive repousser toutes les religions ou arbitrer entre elles. Le « *neuter* » latin signifie-t-il un « ni ni » (étymologie latine : *ne* et *uter*) ou un « et et » ? Entre l'État qui relègue les religions dans la sphère privée et celui qui apporte son soutien à toutes les religions, sans discrimination, une gradation d'interprétations est possible, qui explique les débats récurrents. Par exemple, faut-il abolir les jours fériés catholiques hérités de l'histoire ou, au contraire, en réduire le nombre et reconnaître de nouveaux jours fériés pour l'islam et le judaïsme ? Cesser le financement de l'entretien des lieux de culte catholiques antérieurs à 1905 ou admettre également le financement public de mosquées ? Imposer un unique menu consensuel (ex. : végétarien) dans les cantines scolaires ou proposer systématiquement un menu de substitution quand un plat contenant du porc est servi ? Il existe donc deux façons bien différentes pour l'État d'être neutre, c'est-à-dire d'assurer l'égalité des cultes. On le voit, le principe d'égalité de traitement est consensuel mais le principe de neutralité autorise des solutions très variables, entre une conception intégratrice, voire assimilatrice, de la République et le communautarisme qui réduit l'État à un rôle d'arbitre entre des religions qu'il tolère, voire encourage.

De quelque façon qu'on la conçoive, la neutralité laïque n'est pas une politique publique fondée sur une vérité universelle, mais un choix politique qui dérive de l'opinion selon laquelle le respect de la pluralité des idées et des croyances est préférable à l'imposition d'une vérité unique. Ce choix implique une action. L'État laïque n'est ni indifférent ni passif :

- il intervient pour faire respecter les libertés religieuses (protection des minorités) et même pour les rendre effectives (financement des aumôneries dans les lieux fermés) ;
- en sens inverse, il agit, le cas échéant, pour protéger l'ordre public et les libertés fondamentales des comportements religieux lorsque ceux-ci les menacent.

À cet égard, la neutralité ne saurait être absolue. « Il n'y a que le néant qui soit neutre », disait Jean Jaurès. L'État promeut nécessairement une morale laïque, ensemble de principes et de valeurs qui se superposent aux différents credo religieux et rendent même possible leur coexistence. La simple idée que la religion est une affaire privée constitue un postulat, un acte de foi en la raison qui a dû être imposé historiquement aux religions et que l'école reproduit quotidiennement en formant l'esprit critique.

3. L'action de l'État, entre « accommodements raisonnables » et laïcité de combat

a) Un paysage religieux largement reconfiguré depuis un siècle

La loi de 1905 est intervenue dans une France à 90 % catholique et s'est employée à apaiser « la guerre des deux France » évoquée par l'historien Émile Poulat. Depuis lors, la France s'est massivement déchristianisée, surtout depuis les années 1960. L'islam, devenu la deuxième religion de France, suit une dynamique inverse et compte environ 5 millions d'adeptes, selon le ministère de l'Intérieur. Le bouddhisme a quitté la marginalité et quelques mouvements religieux atypiques connaissent une certaine vitalité. L'État est donc confronté au « retour du religieux dans la sphère publique », selon l'ouvrage éponyme de Jean-Paul Willaime (*Éd. Olivetan, 2008*).

Ces évolutions créent de nouvelles difficultés :

- le besoin d'édifices cultuels pour les religions qui ont émergé, afin de respecter l'égalité de traitement entre la religion catholique et les autres ;
- la nécessité de réinterpréter le cadre juridique existant, voire de le modifier, pour encadrer les nouvelles pratiques rituelles, dont certaines prennent des formes extrêmes (voile intégral, par exemple).

b) Des difficultés qui ravivent l'opposition entre deux conceptions de la laïcité

La conception libérale met l'accent sur la liberté de conscience. Lors des débats parlementaires, le 26 juin 1905, l'agnostique Aristide Briand (1862-1932) soulignait que « le principe de la liberté de conscience et du libre exercice du culte domine toute la loi ». La neutralité se trouve alors subordonnée à la liberté de conscience. C'est la puissance publique, et non l'espace public, qui est neutre ; la religion est une affaire privée mais elle ne doit pas être maintenue dans l'espace privé. De nos jours, par exemple, l'historien de la laïcité Jean Baubérot défend cette perspective.

La conception concurrente, plus radicale, fait primer la neutralité sur la liberté de conscience. Elle trouve sa source dans la philosophie de Ferdinand Buisson (1841-1932), créateur du mot « laïcité », libre penseur et également promoteur de la loi de séparation. Adepte de la religion civile de Jean-Jacques Rousseau, Ferdinand Buisson inspire, de nos jours, le philosophe Henri Pena-Ruiz comme l'ancien ministre de l'Éducation nationale, Vincent Peillon. Dans le contexte de la montée de l'islam et d'une forme de surenchère des revendications religieuses, cette conception peut paraître plus adaptée que sa rivale. Par ailleurs, elle compte des alliés encombrants qui la renforcent mais aussi la falsifient, voire la décrédibilisent :

- l'islamophobie, qui s'oppose à toute forme d'expression de l'islam ;
- un certain féminisme, qui postule que les femmes portant le voile sont aliénées et qui milite pour son interdiction, alors que la signification du voile est très variable dans les faits.

La conception libérale est dominante depuis 1905 et est régulièrement confirmée par la jurisprudence du Conseil d'État. Elle justifie la pratique actuelle des « accommodements raisonnables ».

c) Quelques applications débattues du principe de laïcité

Les pouvoirs publics peuvent :

- financer les établissements scolaires privés si ceux-ci respectent les programmes et les horaires nationaux, ainsi que les conditions de diplôme des enseignants ;
- favoriser la construction d'un lieu de culte en concluant un bail emphytéotique ;
- louer une salle polyvalente destinée à servir de lieu de culte, à condition que le bail ne soit pas exclusif, pérenne, et que le loyer ne soit pas modique ;
- fournir un abattoir permettant l'abattage rituel pendant la fête de l'Aïd el-Kebir, pour un motif de salubrité publique, à condition de faire payer l'équipement ;
- financer des équipements visant à valoriser les atouts culturels et touristiques des édifices cultuels (un ascenseur pour la basilique de Fourvière à Lyon ou un orgue d'église, par exemple), sachant qu'ils doivent pouvoir bénéficier à tous (exemple : des concerts non religieux).

Entreprises privées et établissements publics peuvent :

- dans leurs cantines, proposer des plats de substitution à la viande de porc et servir du poisson le vendredi ;
- autoriser des absences pour motifs religieux si elles sont compatibles avec le bon fonctionnement du service.

Conclusion

Depuis plus d'un siècle, la séparation institutionnelle de l'État et des religions est achevée. Mais la question de la délimitation des domaines respectifs du service public et des libertés religieuses est toujours soulevée lors de cas concrets, et trouve même une nouvelle acuité avec le retour du religieux. Cette incessante réinterprétation du principe de laïcité s'effectue pour l'instant dans le cadre libéral de la loi de 1905, même si une conception plus intransigeante de la laïcité tend à le contester.

Au-delà de ce débat, l'idée même de laïcité est actuellement remise en question par l'islamisme. L'extension du djihadisme dans certaines régions du monde, avec notamment Al-Qaïda puis l'État islamique et Boko Haram, a confirmé que la laïcité n'est pas une valeur universelle. Même en France, l'attentat perpétré contre la rédaction du journal satirique Charlie Hebdo le 7 janvier 2015, à Paris, qui a fait onze morts dont huit membres de la rédaction, et la prise d'otages le surlendemain dans une supérette casher, à Vincennes, qui s'est soldée par la mort de quatre clients juifs, ont montré que le respect de la liberté d'expression et la tolérance à l'égard des autres croyances religieuses n'étaient pas acquis. La « marche républicaine » du dimanche 11 janvier, qui a rassemblé quatre millions de personnes en France ainsi que les nombreux soutiens venus de l'étranger, illustrent l'attachement d'une majorité de Français et d'Occidentaux à la laïcité. Au-delà de cette réaction de nature émotionnelle, il s'agit pour les gouvernants et pour les citoyens de prendre conscience que la laïcité, si elle organise la neutralité de l'État, est un choix politique qui doit être soutenu par les citoyens pour pouvoir s'imposer. Elle repose en effet sur une opinion selon laquelle le respect de la pluralité des idées et des croyances est préférable à l'imposition d'une vérité unique. Dès lors, elle est nécessairement combattue par ceux, chrétiens hier, musulmans aujourd'hui, qui estiment que la loi de Dieu doit prévaloir sur la loi de l'État chaque fois qu'elles entrent en conflit. Croyance qui rend possible l'expression de toutes les croyances, la laïcité les oblige toutes à limiter leurs prétentions, ce qui ne leur est pas toujours naturel. C'est pourquoi un État laïque ne peut qu'être vigilant et ferme.

• *Document 9 : « La laïcité aujourd'hui », Rapport annuel de l'Observatoire de la laïcité 2015-2016.*

1. La France se caractérise aujourd'hui par une diversité culturelle plus grande que par le passé. C'est pourquoi elle n'a jamais eu autant besoin de la laïcité, laïcité qui garantit à tous les citoyens quelles que soient leurs convictions philosophiques ou religieuses, de vivre ensemble dans la liberté de conscience, la liberté de pratiquer une religion ou de n'en pratiquer aucune, l'égalité des droits et des devoirs, la fraternité républicaine.

La laïcité n'est pas une opinion parmi d'autres mais la liberté d'en avoir une. Elle n'est pas une conviction mais le principe qui les autorise toutes, sous réserve du respect des principes de liberté de conscience et d'égalité des droits. C'est pourquoi, elle n'est ni pro, ni antireligieuse. L'adhésion à une foi ou à une conviction philosophique relève ainsi de la seule liberté de conscience de chaque femme et de chaque homme.

2. La laïcité se trouve confrontée à des problématiques nouvelles, apparues ces dernières décennies dans un contexte de montée de revendications communautaristes et de détournement de la laïcité à des fins stigmatisantes. Forte de son héritage, la laïcité républicaine en France doit les affronter. L'Observatoire, dans la diversité de ses membres, a entamé leur examen afin de formuler avis et recommandations.

Ce texte a vocation à éclairer les travaux de l'Observatoire de la laïcité à travers un rappel de l'histoire et des principes juridiques et philosophiques de la laïcité.

I. – La construction historique de laïcité

3. La laïcité est le fruit d'un long processus historique qui a caractérisé, d'une manière ou d'une autre, tout le monde occidental, à partir du XVIIIe siècle. Parti du cœur du Moyen Âge, il a rejoint celui qui a abouti à ce qu'il est convenu d'appeler la modernité marquée par la sécularisation, qui a pris corps à la fin du XVIIIe siècle, avec les Lumières, l'autonomisation de l'individu, l'émancipation des consciences, le progrès des connaissances et le progrès social. Alors que l'État monarchique et même la Révolution française, à ses débuts, appelaient la religion au soutien de leur légitimité, les États et les sociétés ont distingué l'intérêt général des croyances et des convictions particulières.

4. Ce processus a pris en France des traits particuliers. La religion catholique a été au cœur des conflits politiques à partir de la Révolution. Les Constituants ont établi une « Constitution civile du clergé » pour « nationaliser » la religion catholique. La Révolution a tenté ensuite de jeter les bases d'une religion civile en instituant le « culte de l'Être suprême », à l'initiative de Robespierre, sans grand succès. Un décret du Directoire, en 1795, a même établi une éphémère séparation de l'Église et de l'État. Le Consulat a, au contraire, voulu mettre en œuvre un compromis politique avec le « Concordat », qui, tout en garantissant le pluralisme religieux, demandait à l'Église catholique, « religion de la majorité des Français », de contribuer à légitimer l'ordre politique et social. L'Église catholique conservait ainsi d'importants pouvoirs, qu'elle a voulu défendre et étendre, quand elle le pouvait, tout au long du XIXe siècle. Le combat contre le cléricalisme, c'est-à-dire l'influence de l'Église dans la vie politique, a été revendiqué par les républicains. S'ils n'ont pas conçu de la même manière les rapports qu'un État laïque devait entretenir avec les Églises, ils entendaient bien tous établir une République laïque.

5. Après la victoire contre « l'Ordre moral », en 1877, les lois qui ont établi une République laïque se sont étalées sur plus d'un quart de siècle. L'indépendance de la représentation nationale à l'égard de la religion a été symboliquement affirmée par la suppression des prières publiques pour l'ouverture des sessions parlementaires.

L'autorisation du divorce a concrétisé la liberté de l'individu face aux prescriptions religieuses, La laïcisation de l'école avec les grandes lois de Jules Ferry (1881-1882 : gratuité et laïcité des programmes ; 1886 : laïcité des personnels) a été évidemment l'enjeu décisif. Mais la séparation des Églises et de l'État proprement dite n'a été acquise qu'en 1905 – les républicains ayant hésité sur la voie à prendre. La conception qui a prévalu, portée principalement par Aristide Briand, Jean Jaurès et Georges Clémenceau, s'est voulue libérale dans son inspiration et à l'opposé d'une législation antireligieuse. Elle repose sur trois principes, la liberté de conscience, la séparation des pouvoirs politique et religieux, et donc des organisations religieuses et de l'État, l'égalité de tous les citoyens quelles que soient leurs croyances et leurs convictions.

6. La loi du 9 décembre 1905, loi de compromis et d'équilibre, fruit d'un travail important du Parlement et de longs débats, a clôturé la période fondatrice de la laïcité républicaine. Elle a donné tout son sens au principe de citoyenneté. « La République assure la liberté de conscience. Elle garantit le libre exercice des cultes sous les seules restrictions édictées dans l'intérêt de l'ordre public » (article 1er). Cependant, elle « ne reconnaît, ne salarie, ni ne subventionne aucun culte » (article 2). Les biens du clergé sont confiés à des associations cultuelles, qui n'ont été reconnues par l'Église catholique que sous la forme d'associations diocésaines, à la suite des accords Poincaré-Cerretti de 1923-1924.

II. – Le principe de laïcité

7. Juridiquement, le principe de laïcité est solidement établi. La loi du 9 décembre 1905 de séparation des Églises et de l'État proclame et organise la liberté de conscience, celle des cultes et aussi la séparation de l'État et des Églises. Son premier article permet de définir la laïcité comme principe d'une liberté citoyenne, soucieuse de ses droits mais tout autant de ses devoirs envers « l'intérêt général » et « l'ordre public ». À cet égard, la laïcité a une dimension pédagogique. Elle contribue à faire prendre conscience que la liberté est le droit éthiquement et politiquement réglé de faire tout ce qui ne nuit pas à autrui, ne porte pas atteinte à la dignité de la personne humaine, à la sécurité de tous et à la concorde sociale. Elle contribue à promouvoir une culture commune du respect, du dialogue, de la tolérance mutuelle et de la considération de tout autre comme semblable doté de la même dignité et des mêmes droits.

Le principe de laïcité a aussi pour conséquence la séparation de l'État et des organisations religieuses. Cette séparation « des Églises et de l'État » implique qu'il n'y a plus de service public du culte. L'État ne reconnaît, ne subventionne, ni ne salarie, aucun culte et, par suite, ne se mêle pas du fonctionnement des Églises. Il n'intervient ni dans leur organisation, ni dans leur fonctionnement, ni dans leur financement.

Les dispositions de la loi du 9 décembre 1905 doivent aujourd'hui se lire à la lumière de textes de valeur supérieure dans la hiérarchie des normes, Constitution et Convention européenne de sauvegarde des droits de l'homme et des libertés fondamentales.

Il convient de noter que la loi du 9 décembre 1905 ne s'applique pas dans les deux départements d'Alsace et dans celui de la Moselle, où demeure le régime concordataire. Le Conseil constitutionnel a jugé que cette situation n'était pas contraire à la Constitution. Cette loi ne s'applique pas non plus dans certaines collectivités d'outre-mer.

8. La Constitution du 4 octobre 1958 dispose, dans son article 1er : « La France est une République (...) laïque (...) », comme le précisait déjà l'article 1er de la Constitution du 27 octobre 1946. « Elle assure l'égalité devant la loi de tous les citoyens sans distinction d'origine, de race ou de religion. Elle respecte toutes les croyances. ». C'est affirmer la liberté de conscience et poser le principe que les citoyens ne peuvent faire l'objet de discriminations en raison de leur religion – ou de leur absence de religion. La Déclaration des droits de l'homme et du citoyen de 1789, à laquelle renvoie le Préambule de la Constitution de 1958, proclame dans son article 10 que : « Nul ne doit être inquiété pour ses opinions, même religieuses, pourvu que leur manifestation ne trouble pas l'ordre public établi par la Loi. ».

9. La Convention européenne de sauvegarde des droits de l'homme et des libertés fondamentales, signée à Rome le 4 novembre 1950, dont les stipulations sont applicables dans les États signataires, dont la France – ces États conservant une liberté dans les modalités d'application de la convention, sans pouvoir remettre en cause ses principes – précise dans son article 9, que : « 1. Toute personne a droit à la liberté de pensée, de conscience et de religion ; ce droit implique la liberté de changer de religion ou de conviction, ainsi que la liberté de manifester sa religion ou sa conviction individuellement ou collectivement, en public ou en privé, par le culte, l'enseignement, les pratiques et l'accomplissement des rites. /2. La liberté de manifester sa religion ou ses convictions ne peut faire l'objet d'autres restrictions que celles qui, prévues par la loi, constituent des mesures nécessaires dans une société démocratique, à la sécurité publique, à la protection de l'ordre, de la santé ou de la morale publiques, ou à la protection des droits et libertés d'autrui. » L'article 14 de la même convention interdit, pour la jouissance des droits et libertés reconnus par la convention, toute « distinction », c'est-à-dire discrimination, fondée notamment sur la religion.

10. Sous diverses dénominations, « liberté de culte », « liberté de religion », « liberté religieuse », le droit applicable en France reconnaît, comme composantes de la liberté de conscience, la liberté de croire et celle d'adhérer ou de pratiquer une religion, au même titre que la liberté de ne pas croire, d'être athée ou agnostique ou adepte de philosophies humanistes, ou de changer de religion.

On doit cependant distinguer la liberté de croire et celle d'expression des croyances. La liberté de croire ne peut en rien être limitée. La liberté de pensée dont découle la liberté de conscience comporte celle de critique de toute idée, opinion ou croyance, sous les seules limitations légales de la liberté d'expression.

La liberté d'expression des appartenances religieuses peut, elle, être limitée dans les conditions définies par la loi, comme c'est, par exemple, le cas des élèves comme des enseignants dans l'école publique ou encore des agents publics.

Le principe doit toutefois demeurer la liberté et les limitations l'exception, compte tenu des principes constitutionnels et conventionnels, avec lesquelles ces restrictions légales doivent être compatibles.

11. De la séparation des Églises et de l'État se déduit la neutralité de l'État, des collectivités et des services publics. La France, République laïque, « assure l'égalité devant la loi de tous les citoyens sans distinction d'origine, de race ou de religion ». Elle assure ainsi l'égalité des citoyens face au service public, quelles que soient leurs convictions ou croyances. Le service public ne peut donc montrer une préférence, ou faire preuve d'une attitude discriminatoire, selon l'appartenance ou la non-appartenance religieuse, réelle ou présumée, de ses usagers. L'État, les collectivités territoriales et les services publics ne peuvent pas prendre des décisions qui traduiraient une préférence ou une discrimination. Les agents publics doivent non seulement ne pas marquer une telle préférence mais aussi ne pas donner l'apparence d'un tel comportement préférentiel ou discriminatoire, par exemple par la présence de signes de caractère religieux dans leur bureau ou guichet ou le port de tels signes.

Cette neutralité s'applique aux agents du service public et non à ses usagers, à l'exception des élèves des écoles, collèges et lycées publics, usagers du service public de l'éducation, pour lesquels la loi du 15 mars 2004, encadre « le port de signes ou de tenues manifestant une appartenance religieuse ». Le principe de neutralité ne s'applique pas dans les organismes privés.

12. Le principe de laïcité, qui est un principe de liberté, ne se réduit pas à cette seule approche juridique.

La laïcité est doublement émancipatrice.

D'une part, elle émancipe l'État de toute tutelle religieuse. La laïcité est fondée sur le même principe que la démocratie puisque les deux récusent en France qu'un fondement surnaturel puisse ou doive légitimer l'ordre politique, fondé sur la seule souveraineté du peuple des citoyens.

D'autre part, la laïcité émancipe également les religions de toute tutelle étatique. Elle garantit ainsi aux croyants et aux non-croyants le même droit à la liberté d'expression de leurs convictions. Elle assure aussi bien le droit de changer de religion que le droit d'adhérer à une religion pour celui qui n'en avait pas. Elle garantit aux croyants la liberté de religion, mais aussi la liberté vis-à-vis de la religion : nul croyant ne peut être contraint par le droit au respect de dogmes ou prescriptions religieuses.

La laïcité sépare le politique du religieux pour rassembler tous les membres de la société dans la garantie partagée des mêmes droits. Les croyants n'ont pas moins de droits que les non-croyants. Les incroyants n'ont ni moins ni plus de droits d'expression que les croyants. Nul ne peut invoquer ses convictions pour se soustraire au droit.

13. Le principe de laïcité s'applique au bénéfice égal de la liberté de chacun et de l'égalité et de la fraternité de tous.

La laïcité n'est pas l'ennemie des religions, non plus qu'une idéologie ou une opinion concurrente des autres : elle est le principe politique qui permet à toutes les convictions existentielles de vivre en bonne intelligence les unes avec les autres, à partir de la conviction partagée de l'égalité pour tous du droit d'expression, comme bien commun.

Le modèle de la République laïque implique la reconnaissance des différences mais sur des principes et des valeurs partagés, de telle sorte que les appartenances particulières et les individualismes ne puissent jamais l'emporter sur la possibilité et l'harmonie du « bien vivre ensemble ».

La laïcité est un principe aussi bien démocratique que républicain : elle prend tout autant en compte la multiplicité des aspirations individuelles que l'unité nécessaire du corps social autour des principes et des valeurs de la République. Elle rend compatible la liberté personnelle avec la cohésion sociale.

- ***Document 10 : Charles Fortier, « Laïcité, liberté chérie », AJFP 2016.***

L'année 2015 restera dans l'Histoire celle d'attaques terroristes, commises par de jeunes Français, qui visaient la République dans ses fondements. En réaction aux attentats du 7 janvier contre Charlie Hebdo puis à ceux du 13 novembre contre, au fond, notre manière d'être et de vivre ensemble, de nous exprimer, la Nation a réaffirmé ses valeurs par les regroupements du 11 janvier et la cérémonie d'hommage du 27 novembre aux Invalides.

La liberté d'expression est probablement la première de ces valeurs. La première parce qu'elle est la mère des libertés individuelles comme des libertés collectives, conditionnant le plein exercice de chacune d'elles et garantissant le pluralisme inhérent à la démocratie. La première parce qu'à bien y réfléchir, elle constitue la finalité profonde de l'exigence de sécurité elle-même. La liberté d'expression, sous toutes ses formes, se dresse comme la synthèse des aspirations humaines et sociales.

Plus globalement, c'est le modèle social républicain que l'on voit menacé. Les services publics jouent, comme on le sait, un rôle central dans sa préservation : les services publics de l'éducation et de la culture, qui favorisent la compréhension du monde dans sa diversité, et la connaissance de l'Histoire des nations dans les vicissitudes qui façonnent les cultures et expliquent la vie sociale ; les services publics sociaux, qu'il faut entendre au sens le plus large – incluant les politiques de la ville, du logement, de la jeunesse, du sport – tant il est vrai que la transculturation n'est concevable que par l'intégration sociale de toutes les composantes d'une population, dans le respect des différences qui soutient leur assimilation ; les services publics de la police et de la justice, qui protègent contre toutes les formes de violence et doivent manifester la fermeté de la République à l'encontre des comportements d'exclusion.

Au croisement de ces enjeux de la liberté d'expression et de la cohésion sociale, distincts et liés, la place et la responsabilité des agents publics sont éminentes. En affirmant la laïcité, ciment de la République française, comme un devoir fondamental du fonctionnaire qui prolonge sa consécration constitutionnelle, la loi relative à la déontologie dans la fonction publique contribuera à ce qu'un tel principe devienne, selon les mots de Jean-Marc Sauvé, « une éthique vivante et une règle d'action ».

Il n'est ni possible ni utile d'entrer ici dans les débats, si riches, qu'a suscités la laïcité, principe de neutralité de l'État – et au-delà, de toutes les collectivités publiques – dans le champ religieux. Mais il est souhaitable de rappeler, en une période où ce principe est instrumentalisé politiquement et détourné par l'extrémisme et le racisme, que la laïcité exprime fondamentalement la tolérance envers les religions et non leur exclusion ; qu'elle doit garantir la liberté de conscience et non la nier ; et que ces exigences se traduisent tant par l'acceptation des pratiques individuelles et des cultures de chacun – dans le respect des droits d'autrui – que par l'interdiction dans le service public de toute manifestation d'appartenance à un culte qui serait susceptible d'exercer une influence sur les citoyens et leur propre liberté de conscience. C'est précisément cette règle absolue qui fonde la différence de traitement, à cet égard, entre les acteurs du service public et ses usagers : la rigoureuse neutralité qui s'impose aux premiers doit assurer aux seconds, dans les limites du prosélytisme, le respect de leur identité et la possibilité d'exprimer leur foi.

C'est ce qui ressort des deux décisions, rendues aux extrémités de la chaîne judiciaire, que publie l'AJFP dans ce numéro. Du jugement du tribunal administratif de Lyon du 17 juin 2015, éclairé par la mesure et la fermeté des conclusions de son rapporteur public, à l'arrêt de la Cour européenne des droits de l'homme du 26 novembre 2015 commenté par Alexis Zarca, l'on perçoit les subtils équilibres de la laïcité : la neutralité qu'elle garantit au service public, principe d'ouverture, n'en conduit pas moins à proscrire chez l'agent public tout comportement inspiré d'une confession – d'une confession quelle qu'elle soit, ce qu'il n'est pas inutile de rappeler. C'est ainsi par les agents publics dans l'exercice de leurs missions que la laïcité participe, dans son essence, de la liberté qui ouvre la devise républicaine.

Au lendemain d'élections générales porteuses d'inquiétude et en guise de vœux pour 2016, l'AJFP fait sienne la devise proposée par André Malraux à la jeunesse française à la fin des années 1950 : « culture et courage ».

- ***Document 11 : Sandrine Chesnel, « Pourquoi la laïcité fait polémique en France », L'express, janvier 2016.***

Crèche dans les mairies, menus sans porc dans les cantines, lutte contre le communautarisme... La laïcité en France a fêté ses 110 ans en décembre dernier, et elle a rarement été autant dans l'actualité. Alors que la gauche se déchire sur sa définition, retour aux sources de la loi de séparation de l'Église et de l'État de 1905.

« Laïcité (nom féminin). Conception et organisation de la société fondée sur la séparation de l'Église et de l'État et qui exclut les Églises de l'exercice de tout pouvoir politique ou administratif, et, en particulier, de l'organisation de l'enseignement. » Voilà pour la définition de la laïcité telle qu'elle est donnée par le dictionnaire Larousse.

Une définition simple à comprendre, en apparence, mais pas toujours évidente à mettre en application. En témoignent les polémiques récurrentes ces dernières années, sur les crèches et leur petit Jésus dans les mairies, le port du foulard dans les lieux publics, les menus sans porc dans les cantines scolaires ou bien encore la façon dont la laïcité est enseignée dans les écoles. La dernière controverse en date est issue du sévère recadrage par Manuel Valls du président de l'Observatoire de la laïcité, Jean-Louis Bianco. Le Premier ministre lui reproche entre autres d'avoir dénaturé « la réalité de (la) laïcité » en signant une tribune contre le terrorisme regroupant des représentants de différentes religions.

D'où cette question : qu'est-ce que la laïcité en 2016 ? Éléments de réponses avec Raphaël Liogier, philosophe et sociologue du religieux, auteur de *La Guerre des civilisations n'aura pas lieu,* et Valentine Zuber, historienne et sociologue, spécialiste de la liberté religieuse et de la laïcité.

Guerres de religion et Révolution

« Pour comprendre la laïcité, il faut commencer par remonter à l'époque des guerres de religions, explique Raphaël Liogier. À la naissance du protestantisme, plus précisément, qui a permis d'affirmer que le peuple pouvait avoir une autre religion que celle du roi. Puis, au XVIIIe siècle, avec les Lumières et la Révolution, est apparue l'idée que, puisqu'on avait le droit de choisir ce en quoi on croyait, on pouvait aussi choisir de ne pas croire. Ce qui ouvrait la possibilité d'une société avec une multitude de religions différentes, qu'il fallait gérer. »

Ainsi, la Déclaration des droits de l'homme et du citoyen de 1789, préambule à la constitution de 1791, décrète que « nul ne doit être inquiété pour ses opinions, même religieuses, pourvu que leur manifestation ne trouble pas l'ordre public établi par la loi ». « Le principe alors institué était de séparer la citoyenneté de la religion, explique Valentine Zuber. Dès lors, on pouvait être citoyen français, sans être catholique, même si la religion catholique était majoritaire. » Deux ans plus tard est créé le mariage civil, qui prévaut sur le mariage religieux. L'adjectif « laïc » fait ensuite une apparition en 1886 dans la loi de Jules Ferry qui créée « l'école publique, gratuite, laïque et obligatoire ».

En décembre 1905, une loi, dite de séparation des Églises et de l'État, est adoptée après de vifs débats. Son premier article garantit à tout citoyen la liberté de conscience, c'est-à-dire le droit de croire ou de ne pas croire ; le deuxième article institue le non-financement des cultes par l'État, à quelques exceptions prés. Comme écrit dans la loi, « pourront toutefois être inscrites aux budgets (de l'État) les dépenses relatives à des services d'aumônerie et destinées à assurer le libre exercice des cultes dans les établissements publics tels que lycées, collèges, écoles, hospices, asiles et prisons ».

La liberté de croire, ou pas

« Cette loi de 1905 garantit la liberté des citoyens, commente Raphaël Liogier. Elle consacre l'espace public comme un lieu de libre expression, y compris de sa religion. Chacun peut s'y exprimer, à partir du moment où cette expression ne nuit ni l'ordre public, ni à l'intégrité morale de quiconque. On ne peut donc rien interdire au nom de la laïcité, puisqu'elle est une garantie de liberté ».

Pourtant, en 2004, l'interdiction du port de signes religieux ostentatoires dans les collèges et lycées publics se réfère bien dans son titre « au principe de laïcité ». L'argument de ses auteurs était alors qu'il faut protéger les mineurs de toute influence religieuse, en ne les exposant pas à des signes « manifestant une appartenance religieuse ».

À l'inverse, la loi de 2010 qui entraîna l'interdiction du port du voile islamique intégral (le niqab, parfois appelé burqa) dans la rue s'appuie non pas sur la laïcité, mais sur la nécessité de ne pas dissimuler son visage dans l'espace public. Que ce soit par un voile, ou une cagoule.

La neutralité, pour qui ?

Neutralité et laïcité sont souvent confondues. Pourtant, en 1905, nulle mention du principe de neutralité. Il s'est développé par la suite, au fil des jurisprudences, jusqu'à s'imposer aux agents de l'État – et uniquement à eux. Ainsi, en France, un enseignant, un agent d'accueil dans une préfecture, ou bien encore un policier ne peuvent pas porter de signes religieux dans l'exercice de leurs fonctions. « C'est d'ailleurs cette neutralité des agents de l'État qui fait la spécificité de la laïcité à la française, relève Raphaël Liogier. En Grande-Bretagne, par exemple, un policier ou un enseignant peut demander et obtenir le droit de porter un turban sikh. »

C'est donc une interprétation radicale de ce principe de neutralité qui conduit parfois certains citoyens (et/ou politiques) à affirmer que le foulard islamique devrait être interdit dans la rue. Erreur. « C'est justement l'application de la loi de 1905 qui garantit le droit, dans l'espace public, par exemple, aux femmes qui le souhaitent de porter un voile sur la tête, ou aux hommes de porter une kippa », explique Raphaël Liogier

À l'inverse, la question de la présence de crèches religieuses dans les mairies ou les administrations est plus subtile. « S'il s'agit de valoriser un patrimoine, une tradition locale, comme les santons en Provence, par exemple, alors ces crèches ne sont pas hors-la-loi. Mais si elles sont une expression de la foi, elles n'ont rien à y faire. » Une lecture subtile qui explique pourquoi ces crèches ont été autorisées à certains endroits, et interdites ailleurs.

« Des » laïcités ?

Reste que si les règles instituées par la loi de 1905 semblent simples à comprendre, deux visions de la laïcité, au minimum, continuent de coexister, y compris au sein d'une même famille politique. Pour Valentine Zuber, depuis la révolution française, il y a toujours eu deux sensibilités différentes dans le camp des républicains :

- « D'un côté, ceux pour qui la laïcité n'est pas une valeur, mais un principe. Ceux-là pensent que l'identité religieuse est privée mais peut s'exprimer dans le débat public ;
- De l'autre, ceux qui pensent que la laïcité est une valeur, concurrente des valeurs religieuses, qui les conduit à avoir une position presque antireligieuse, en réclamant l'effacement complet des religions dans l'espace public. »

Deux positions opposées, rendant impossible un débat apaisé sur la laïcité ? « Pour y arriver, positive Valentine Zuber, il faudrait que les citoyens comprennent que la laïcité n'est pas la cause du débat, mais au contraire sa condition. Les religions ne sont pas un secret de famille à garder caché. Il faut pouvoir en parler, les questionner, les remettre en question. Et c'est justement ce que permet la laïcité, tout en garantissant à chacun liberté de conscience, et liberté de culte. »

- ***Document 12 : Francis Messner, Laïcité imaginée et laïcité juridique. Les évolutions du régime des cultes en France, 1993, Gallimard.***

Traiter du droit français des religions ne va pas sans difficultés. L'initiative éveille le soupçon, mobilise le dernier quarteron des tenants des deux France – la laïque et la cléricale – qui procèdent au classement du scripteur dans l'une ou l'autre catégorie.

En cette matière, l'idéologie prédomine, brouillant la lecture des sources juridiques, le plus souvent au détriment de la recherche de solutions dont l'efficacité sociale est ainsi compromise. Cette dichotomie antédiluvienne savamment entretenue ne correspond plus à la situation actuelle. Le religieux traditionnellement cantonné dans un droit cultuel, héritier d'un compromis entre l'État et les anciens cultes reconnus (catholique, protestant réformé ou luthérien et juif), participait à une culture commune, certes diversement interprétée, mais connue de tous. De ce fait, sa gestion était relativement facile.

Actuellement, les effets conjugués d'une individualisation changeante des convictions et son corollaire institutionnel, la création de nouvelles formes de religiosité, communément connues sous le nom de sectes ou de nouveaux mouvements religieux, mais surtout l'implantation de religions de migrants revendicatives comme l'islam ou plus discrètes, comme le bouddhisme et, dans une moindre mesure, la perte d'influence des Églises historiques, ont décentré les approches juridiques du phénomène religieux.

Historiquement, les débats s'étaient cristallisés autour des régimes des cultes, des congrégations et de l'éducation. Cette tripartition de la législation appliquée au religieux est le résultat d'une version tardive du gallicanisme combinant à la fois une conception utilitariste du religieux, le centralisme jacobin et les prétentions monopolistiques de l'État au XIXe siècle. Les congrégations, d'abord interdites, sont autorisées, mais sévèrement contrôlées. Le champ d'activité des Églises et des religions est formellement réduit à des activités cultuelles mal définies, sauf à imaginer qu'elles s'appliquent aux seules pratiques rituelles. L'enseignement et le socio-caritatif reviennent à l'État.

Je me limiterai à l'exposé d'aspects souvent méconnus de l'évolution du régime des cultes en France et, plus précisément, du financement direct et indirect des institutions cultuelles. De ce fait, une présentation du principe juridique de laïcité s'impose, d'autant plus que son interprétation philosophique a largement occulté le contenu ou l'absence de contenu de ce principe constitutionnel.

Neutralité de l'État et liberté de religion

Le principe constitutionnel de laïcité se réduit à la non-confessionnalité de l'État et à son corollaire, la neutralité de l'État en matière religieuse. Il garantit également la liberté de religion positive – droit de croire et d'exprimer sa croyance – et négative – droit de ne pas croire et de ne pas participer à des manifestations religieuses.

En France, les services publics sont déconfessionnalisés. Une religion ou une conception de l'univers quelconque ne peut marquer de sa particularité confessionnelle le fonctionnement et l'organisation de l'État. Ces mêmes services publics et leurs agents doivent respecter une obligation de neutralité alors que les usagers restent libres d'y exprimer leurs opinions religieuses.

Cependant, la conception largement partagée selon laquelle les institutions publiques et leurs personnels doivent être « chimiquement » purs de toute connotation religieuse constitue une fiction. Dans une société plurale, les agents publics peuvent être confrontés à des conflits à caractère confessionnel. Leur rôle est alors de favoriser la recherche de solutions consensuelles. Par ailleurs, la puissance publique ne veut pas s'immiscer dans le fonctionnement interne des Églises et autres religions. Ainsi, l'État n'établit pas de hiérarchie au sein des croyances et ne contraint pas les structures d'organisation liées aux doctrines religieuses tant que l'ordre public et la législation valable pour tous sont respectés. Mais lorsqu'il y a collision entre le droit français et les disciplines et droits internes des religions, il peut prendre en compte certaines exigences religieuses. Le droit français a notamment été aménagé en vue de fournir une existence civile aux collectivités religieuses (associations diocésaines et cultuelles) et de donner un statut aux ministres du culte (loi du 2 janvier 1978).

La détermination des composantes du principe de laïcité en tant qu'elles fondent la non-confessionnalité de l'État reste cependant difficile. En effet, les dispositions légales d'une séparation entreprise dès 1879 par la République des républicains : laïcisation des cimetières (1881), des funérailles (1887), de l'enseignement primaire (1882-1886), suppression des prières publiques qui ont in fine abouti à la loi du 9 décembre 1905 (interdiction de subventionner les cultes, non-reconnaissance publique des cultes et, par voie de conséquence, leur organisation en droit privé) peuvent difficilement être considérées comme des éléments statiques du principe constitutionnel de laïcité alors que la technique de l'interprétation à la lumière des conditions d'aujourd'hui a été retenue par le Conseil constitutionnel depuis juillet 1989.

Dans les faits, les éléments supposés du principe de laïcité font l'objet d'un traitement diversifié. Ainsi, pour ne retenir qu'un seul exemple, le principe de non-subventionnement des cultes a-t-il une portée constitutionnelle ? S'applique-t-il aux seules subventions directes ou inclut-il le subventionnement indirect ? Est-il observé strictement ou est-il interprété largement ? Ou alors ne s'agit-il pas plutôt d'une modalité contingente de l'application du principe de laïcité plutôt que du principe en soi ?

Les financements publics de l'activité cultuelle

En matière de financement, il existe une première exception de taille. Les droits locaux guyanais et alsacien-mosellan prévoient la rétribution des ministres des cultes reconnus et le subventionnement direct ou subsidiaire des établissements publics cultuels représentant diverses institutions cultuelles. L'existence en droit français de dispositions en sens contraire de la loi de 1905 ne constitue certes pas en soi une preuve de constitutionnalité. Mais sans vouloir développer un débat technique de droit constitutionnel, notons cependant qu'en faveur de la constitutionnalité du droit cultuel alsacien-mosellan plaident son introduction et son rétablissement par la législation républicaine. Il est par ailleurs difficile d'admettre qu'en raison d'une particularité les populations alsaciennes-mosellanes et guyanaises ne partagent pas les mêmes valeurs républicaines que les autres Français.

La loi du 9 décembre 1905 ne s'applique pas dans les départements du Rhin, de la Moselle et de la Guyane. Mais l'interdiction de subventionnement des cultes énoncée dans l'article 2 du texte précité : « La République ne reconnaît, ne salarie, ne subventionne aucun culte » et dans son article 18 : « Les associations formées pour subvenir aux frais, à l'entretien et à l'exercice public d'un culte [...] ne pourront, sous quelque forme que ce soit, recevoir des subventions de l'État, des départements et des communes », est interprétée avec souplesse sur le reste du territoire français.

Il existe, en effet, des dispositions permettant le soutien économique direct de l'État et des collectivités territoriales aux activités cultuelles des Églises et autres religions. Nous ne mentionnerons pas les financements publics apportés à des institutions dont le caractère est certes empreint de confessionnalité, mais dont l'activité principale est éducative, culturelle, sociale ou hospitalière, ni les financements sans lesquels la liberté de conscience et de culte ne pourrait être effective. L'interdiction de subventionnement inscrite dans l'article 2 de la loi du 9 décembre 1905 s'applique aux seules activités cultuelles tout en dérogeant au principe pour les aumôneries de certains services publics dont les usagers sont, pour diverses raisons, empêchés de participer au culte paroissial (prisons, hôpitaux, armées, internats de lycées et collèges).

Les soutiens publics directs visent essentiellement les édifices affectés à l'exercice du culte. Deux lois de 1908 et de 1942 permettent aux communes de participer à la réparation des édifices cultuels. De plus, les associations affectataires, les desservants et les fidèles peuvent contraindre la collectivité locale propriétaire à participer financièrement aux travaux lorsque des offres de concours permettent à elles seules d'assurer le financement des travaux nécessaires. Enfin, des terrains peuvent être mis à disposition par ces mêmes collectivités publiques depuis 1930 et rien ne les empêche de garantir les emprunts pour les constructions depuis 1961. Elles sont enfin libres d'acquérir l'édifice nouvellement construit sous la responsabilité de particuliers ou d'une association. Une fois propriétaire, elles peuvent l'entretenir plus facilement.

Le régime des exemptions fiscales appliqué à certaines activités ou institutions cultuelles est très peu connu. Preuve en est que, suite au vote de la loi sur le mécénat du 27 juillet 1987, permettant aux donateurs (particuliers et entreprises) de déduire de leurs revenus, dans une certaine limite, les dons faits aux associations cultuelles, aux associations diocésaines (droit général) et aux établissements publics du culte (droit local) des auteurs ont stigmatisé la mesure en regrettant « la fin de la fiscalité laïque ».

Or, la fiscalité laïque, du moins en matière religieuse – la précision n'est pas superflue puisque les auteurs procèdent à l'amalgame avec l'activité politique –, prend fin dès l'instauration formelle de la séparation en France. L'article 24 modifié de la loi de 1905 exempte de l'impôt foncier et de la taxe d'habitation les édifices affectés à l'exercice du culte appartenant à l'État, aux départements et aux communes, puis, quelques années plus tard, ceux appartenant aux associations cultuelles et aux unions d'associations cultuelles.

À partir de la seconde moitié du XXe siècle, le rythme des dispositions fiscales en faveur des associations cultuelles s'accélère. La loi de finances du 26 décembre 1959 exonère totalement des droits d'enregistrement les dons et legs faits aux associations cultuelles et diocésaines. Le taux de publicité foncière qui leur est appliqué est réduit et elles sont exonérées, pour toutes leurs constructions, de la taxe locale d'équipement. L'impôt sur les sociétés pour leurs activités non lucratives est réduit. La dernière mesure en date est celle prévue par la loi sur le mécénat citée plus haut et dont l'exonération s'applique non seulement aux édifices cultuels mais également à d'autres affectations comme les traitements des ministres du culte. Enfin, les caisses de sécurité sociale des cultes (Camac et Camavic) bénéficient de la compensation financière du régime général de la Sécurité sociale en raison de leur déséquilibre démographique.

Des statuts cultuels inégalement diversifiés

Si l'on considère ces diverses mesures isolément, elles n'ont qu'une portée réduite. En revanche, l'évolution globale est significative. L'association cultuelle prévue par le titre IV de la loi du 9 décembre 1905 ainsi que l'association diocésaine (*CE, avis, 13 décembre 1923*) n'étaient à l'origine que des associations déclarées (loi du 1er juillet 1901) aménagées pour les seuls besoins organisationnels des Églises et religions concernées.

En droit, elles n'ont certes pas changé de nature, mais l'attribution de la grande capacité, c'est-à-dire la possibilité de recevoir des dons et des legs par une loi du 25 décembre 1942, ainsi que les diverses exemptions fiscales susmentionnées ont progressivement reprofilé l'association cutuelle.

Actuellement, elle est comparable à une association d'utilité publique ou à un syndicat. Elle n'a plus qu'une parenté lointaine avec l'association « de base » telle qu'elle est prévue par la loi de 1901.

En droit local cultuel alsacien-mosellan, qui distingue entre cultes reconnus organisés dans le cadre du droit public et cultes non reconnus organisés dans le cadre du droit privé, on observe la même évolution, mais dans un laps de temps extrêmement court. En effet, les associations de droit local dont l'objet est cultuel n'ont pu s'inscrire sur le registre des associations que très récemment (1976-1980). L'administration s'appuyait sur un article du Code civil local pour s'opposer à leur création. La juridiction administrative ayant relevé l'erreur de droit commise par l'administration, des cultes non reconnus ont pu s'inscrire sur le registre des associations et en tant que tels bénéficier grosso modo des mêmes exonérations que les cultes reconnus.

En examinant le résultat de ces changements progressifs, il est difficile de croire à une mise en œuvre inconsciente. Il semble plutôt qu'en cette matière la politique religieuse des gouvernements successifs, notamment à partir de la seconde moitié du XXe siècle, était de soutenir les Églises et religions à l'instar d'autres groupements intermédiaires contribuant à l'intérêt général. L'activité cultuelle et plus largement religieuse n'étant pas un élément permettant la reconnaissance d'utilité publique d'une part, la création en bloc d'un statut cultuel privilégié par voie législative étant d'autre part difficile à réaliser, il ne restait plus que la solution incertaine de l'accumulation des petites mesures incolores.

Toutefois, ce statut privilégié ne s'applique pas à l'ensemble des Églises et religions en France. N'importe quel groupement peut se déclarer en tant qu'association cultuelle auprès de la préfecture ou sous-préfecture de sa circonscription. Mais l'administration et, le cas échéant, la juridiction administrative décident lesquelles sont des associations cultuelles conformément à la loi du 9 décembre 1905 à l'occasion de la procédure d'acceptation des dons et legs.

« La République ne reconnaît aucun culte », précise l'article 1er de la loi de 1905. Pourtant, elle les connaît puisqu'elle leur a élaboré un statut privilégié dont elle réserve l'usage à certains. Partant de là, le système français est comparable, toutes proportions gardées, à ceux en vigueur dans la plupart des pays européens. La liberté de religion qui a valeur constitutionnelle protège toutes les convictions et pratiques religieuses individuelles et collectives dans les limites des nécessités de l'ordre public. L'État neutre n'opère pas une hiérarchisation des croyances. En revanche, il favorise les collectivités religieuses participant à la construction du social et dont les activités présentent un caractère d'intérêt général. Cette volonté politique, qui prend également en compte les situations historiques, fait que les statuts des cultes en France sont très diversifiés.

- Certaines religions ne bénéficient d'aucun soutien public. Il s'agit de mouvements religieux socialement controversés, plus communément connus sous l'appellation de sectes.

Le cas des communautés musulmanes est plus complexe à saisir. Rien n'empêcherait la plupart d'entre elles d'exister en tant qu'associations cultuelles (loi 1905). Les réticences viendraient de ces communautés plutôt que de l'administration dont la politique est de favoriser l'intégration. Elles connaissent mal le régime français des cultes. La distinction entre culturel et cultuel n'est pas opérationnelle pour l'islam. Enfin, les subventions publiques transitent par les associations culturelles et non par des associations cultuelles qui ne peuvent être subventionnées directement.

- La plupart des autres Églises et religions sont organisées dans le cadre des associations cultuelles (loi 1905) et bénéficient des avantages attachés à ce régime : Églises protestantes membres de la Fédération protestante de France, Églises protestantes libres, Églises orthodoxes, religion israélite et religion bouddhiste.
- L'Église catholique a une place particulière dans cet ensemble. L'État, suite à de longs processus de négociations, a pris en compte certains aspects de sa liberté institutionnelle : l'association cultuelle a été aménagée en association diocésaine. Ses ministres du culte ont un régime particulier d'assurance maladie et vieillesse (loi du 2 janvier 1978). La plupart de ses édifices culturels sont propriété de l'État et des collectivités territoriales et sont donc souvent directement entretenus par eux. Plus largement, c'est elle qui bénéficie du soutien apporté aux écoles privées et des avantages du régime des congrégations.
- Enfin, pour des raisons historiques, un régime des cultes reconnus a été maintenu dans plusieurs départements français. Ces religions reconnues sont organisées dans le cadre du droit public et sont obligatoirement subventionnées.

L'examen détaillé du statut des cultes en France permet de relativiser sa spécificité au sein de l'Europe. Elle relève, de toute évidence, d'une construction artificielle à la fois intra-hexagonale et extra-hexagonale. Une certaine conception laïciste a accrédité l'idée d'une stricte séparation intemporelle dont le modèle serait universel. Cette figure symbolique a été récupérée par les apologètes des régimes cultuels privilégiés de l'Europe de l'Ouest à titre de contre-exemple.

Certes, les Églises et religions en France ne bénéficient pas d'avantages semblables à ceux instaurés par le système allemand : subventions obligatoires des États fédérés, droit de lever des impôts, garantie constitutionnelle des biens appartenant aux corporations religieuses. Mais leur situation est, somme toute, proche des régimes existant en Hollande et en Grande-Bretagne où les soutiens sont essentiellement indirects. Ils viennent en sus des coûts induits par les aides apportées à la réalisation effective de la liberté de religion.

Comme partout ailleurs en Europe de l'Ouest, le droit français prend en compte la liberté institutionnelle des Églises qui est un des aspects de la liberté de culte. Les institutions cultuelles disposent d'un statut aménagé : associations cultuelles et diocésaines. Les ministres des divers cultes sont assujettis à un régime particulier au regard du droit du travail et de la protection sociale. Enfin, les organismes à caractère confessionnel sont considérés comme étant des entreprises de tendance dont les employés sont soumis au principe de loyauté.

L'existence de statuts cultuels diversifiés est d'une part induite par la liberté institutionnelle des groupements religieux, c'est-à-dire, dans ce cas, par leur auto compréhension. Elle est, d'autre part, voulue par le pouvoir politique prenant ainsi en compte le poids social des groupements intermédiaires. Cette situation n'est pas contraire au principe constitutionnel d'égalité qui n'exclut pas une différenciation fondée sur la représentativité. En France, cette différenciation est factuellement liée à la qualité même de l'activité religieuse/cultuelle exercée. Quand elle s'éloigne de l'intérêt général, la juridiction administrative dénie le statut d'association cultuelle aux groupements demandeurs, même si d'autres motifs sont invoqués. Il serait plus efficace de soumettre explicitement l'association cultuelle (1905) à certaines des exigences retenues pour la reconnaissance d'utilité publique.

Section 2

Dossier entraînement

1• LA LECTURE

Suivant les conseils méthodologiques, il est important de déterminer l'ordre de lecture.

Date	Nature	Intitulés
4	11	9
8	8	8
3	9	11
5	7	12
10	10	7
9	5	6
11	12	10
6	6	3
7	4	5
12	3	4
2	2	2
1	1	1

Suivant les points communs, il conviendrait de commencer la lecture dans l'ordre suivant : 8-9-11-10-7-6...

2• LA PRISE DE NOTES

N° /N./D.	ID	MC
8 /R/2016	Deux conceptions contradictoires de la laïcité Conception libérale, la laïcité est un principe. Donc la liberté religieuse est primordiale et doit pouvoir s'exprimer dans l'espace public Dans une conception plus interventionniste, la laïcité doit entraîner un effacement de la religion de la sphère publique État indépendant de la religion Liberté de religion garantit contre toute discrimination liée à l'orientation religieuse Liberté de conscience limitée par la liberté d'expression des autres et par l'ordre public État doit être tolérant envers toutes les religions Liberté religieuse difficilement conciliable avec l'obligation de neutralité du service public Opposition liberté religieuse et obligation de neutralité incomprise	Fondement Application Application Principe Principe Limites Application Application difficile

9/R/2016	Le principe de laïcité est un principe de liberté Liberté de l'État par rapport à la religion en général Liberté des religions vis-à-vis d'une tutelle de l'État Création de la liberté de culte Instauration de l'école laïque, gratuite et obligatoire Loi 1095, fruit d'un long travail du Parlement, impose un compromis Loi 1095 pose le respect de la laïcité et en même temps de l'intérêt général et de l'ordre public Exception Alsace et Moselle Le principe de laïcité repris par l'article 9 de la CEDH qui accorde le droit à la liberté religieuse Laïcité est un principe de liberté religieuse Liberté religieuse c'est la possibilité de changer de religion et de manifester son appartenance à une religion Liberté religieuse impose de ne peut être [sens ? ? ?] victime de discrimination sur le fondement de son orientation religieuse Liberté d'expression de la religion peut être limitée à certaines conditions prévues par la loi Liberté religieuse impose le respect de l'ordre public et de l'intérêt général Laïcité prend en compte une multiplicité d'aspirations individuelles qui doivent respecter les valeurs et principes républicains	Principe Principe Application Application Application Fondement Fondement Exception Fondement Principe Application Application Limites Ordre public Applications
11/P/2016	Droit de ne pas croire État ne peut favoriser aucune religion État ne peut apporter aucun financement aux religions Conseil d'État parfois favorable au financement par l'État État doit être neutre Double conception de la laïcité : principe la laïcité doit entraîner un effacement de la religion de la sphère publique ou valeur la liberté religieuse doit pouvoir s'exprimer dans l'espace public	Application Application Application Exception Application
10/D/2016	Laïcité impose de respecter l'ordre public Nécessité d'ordre public ne doit pas être détournée par les politiques, comme après les attentats de 2015 Laïcité détournée par l'extrémisme et le racisme Laïcité exprime fondamentalement la tolérance envers les religions et non leur exclusion	Ordre public Ordre public Danger Fondement
7/D/2011	État ne finance pas les religions Conseil d'État ne respecte pas ce principe Une collectivité territoriale peut financer certains travaux d'un édifice cultuel, à certaines conditions	Application Exception Conditions
6/D/2016	Beaucoup de conceptions de la laïcité : doctrinaire, neutre... Affaire *Baby loup* Application principe de neutralité entreprise privée gérant un service public Respect de la pluralité des religions La laïcité n'est qu'une conviction pour la CEDH	Fondement Neutralité SP Application Fondement
5/D/2016	2015, la Cour EDH justifie l'interdiction du port du voile dans les établissements publics par le principe de laïcité de l'État et des services publics Liberté religieuse contrainte par la neutralité du service public Ingérence dans le droit à la liberté justifiée par la société démocratique Le principe de neutralité n'est pas applicable aux salariés du secteur privé	Neutralité SP Neutralité SP Exception neutralité Exception neutralité

12/O/1993	Loi liberté de culte Loi École laïque, gratuite et obligatoire Pas de financement du culte par l'État Exception : Alsace-Moselle/ Guyane Liberté de religion protège contre toute obligation de suivre une religion ou une religion non choisie Pas d'obligation de croire et de participer à des manifestations religieuses	Fondement Application Application Exception Application Application
4/D/2016	Loi 20 avril 2016 relative à la déontologie et aux droits et obligations des fonctionnaires réécrit art. 25 du statut général fonction publique : obligation de neutralité du fonctionnaire dans l'exercice de ses fonctions	Neutralité SP
3/D/2016	Nécessité d'ordre public n'impose pas multiplication de législations spécifiques (ex. : port voile à l'université, loi inutile car cas trop isolés)	Ordre public
2/L/1905	Loi du 9 décembre 1905 pose séparation église/État Texte de référence pose le principe de laïcité République assure la garantie du libre exercice des cultes En pratique liberté de religion et neutralité de l'État Principe de liberté religieuse en contrepartie respect de l'ordre public et de l'intérêt général	Fondement Fondement Application Application Ordre public
1/L/1789	La laïcité est née par la DDHC 1789 Liberté de religion et une neutralité de l'État Respect de l'ordre public	Fondement Application Ordre public

3. LA LOGIQUE DU PLAN

Le principe de laïcité s'est construit à travers les textes majeurs jusqu'à la loi de 1905. Le principe fondateur était de permettre à chaque citoyen de bénéficier d'une liberté religieuse en dehors de tout contrôle de l'État. En théorie, le principe de séparation des Églises et de l'État est assez simple à comprendre, mais en pratique l'application du principe est moins évidente, d'autant que certaines dérogations existent. Le paradoxe apparaît lorsqu'au nom de la laïcité l'État vient limiter la liberté religieuse, dans le souci du respect de l'ordre public, et plus particulièrement, en imposant une obligation de neutralité des agents du service public. Le paradoxe est grand, puisque si la liberté religieuse passe par la laïcité, la contrainte religieuse s'impose également pour la laïcité.

4. L'ÉLABORATION D'UN PLAN

I. La liberté religieuse par la laïcité

A. Le fondement du principe

B. L'application du principe

II. La contrainte religieuse pour la laïcité

A. L'obligation de neutralité du service public

B. La nécessité d'ordre public

5. LA RÉDACTION DE LA NOTE

La laïcité pose le principe de la séparation de l'Église et de l'État. L'État se charge seul des pouvoirs administratifs et politiques de la société, l'Église n'exerçant plus son pouvoir qu'en matière cultuelle (doc. 11).

Si la liberté religieuse passe par la laïcité (**I**), la contrainte religieuse s'impose également pour la laïcité (**II**).

I. La liberté religieuse par la laïcité

Si le fondement du principe (**A**) permettant à chacun de bénéficier d'une liberté religieuse ne pose pas de difficulté, l'application du principe (**B**) est moins évidente.

A. Le fondement du principe

Le principe de laïcité est un principe de liberté (doc. 9), celle de l'État vis-à-vis de la religion en général et celle des religions vis-à-vis d'une tutelle de l'État (doc. 9).

La laïcité est le fruit d'un long processus initié par la Déclaration des droits de l'homme et du citoyen de 1789 (doc. 1). Ce texte a trouvé quelques résonances, au fil du temps, notamment dans les différents textes instaurant pour l'un la liberté de culte ou pour d'autres l'école laïque, gratuite et obligatoire (doc. 9 et 12).

Le texte de référence instaurant le principe de la laïcité demeure la loi du 9 décembre 1905 déterminant la séparation de l'Église et de l'État (doc. 2). Ce texte, fruit d'un long travail du Parlement, impose le compromis (doc. 9). La République assure la garantie du libre exercice des cultes (doc. 2) tout en imposant le respect de l'intérêt général et de l'ordre public (doc. 9).

Le principe de laïcité dépasse les frontières nationales puisque l'article 9 de la Convention européenne de sauvegarde des droits de l'Homme et des libertés fondamentales accorde à toute personne le droit à la liberté religieuse, ce qui engendre la possibilité de changer de religion mais aussi de manifester son appartenance à une religion (doc. 9).

B. L'application du principe

L'application du principe de laïcité se concrétise à la fois par une liberté religieuse et par une neutralité de l'État (doc. 1 et 2). Le principe n'est toutefois pas appliqué de la même manière sur l'ensemble du territoire national puisque des exceptions à ce principe subsistent notamment en Alsace-Moselle ou encore en Guyane (doc. 12)

La liberté religieuse suppose qu'aucun citoyen ne peut être victime de discrimination sur le fondement de son orientation religieuse (doc. 8 et 9). La liberté de religion suppose également que nul ne peut se voir imposer une religion qu'il n'a pas choisie ou, tout simplement, de croire et de participer à des manifestations religieuses (doc. 12).

L'État se doit d'être neutre. Il ne peut favoriser aucune religion (doc. 11). Sur ce principe, l'État ne peut apporter aucun financement aux religions, même si le Conseil d'État n'applique pas toujours le principe à la lettre (doc. 7 et 11). L'État doit, par ailleurs, se montrer tolérant envers toutes les religions (doc. 8). Aussi, si la liberté d'expression de la religion peut être limitée, cela ne peut se faire que dans certaines conditions définies par la loi (doc. 9).

II. La contrainte religieuse pour la laïcité

Au nom de la laïcité, l'État peut imposer une contrainte religieuse, soit liée au respect de l'obligation de neutralité du service public (**A**) soit, plus généralement, au respect de l'ordre public (**B**).

A. L'obligation de neutralité du service public

La liberté religieuse et l'obligation de neutralité du service public ne sont pas toujours conciliables. Cette opposition a engendré quelques incompréhensions (doc. 8) d'autant que deux conceptions de la laïcité peuvent s'opposer (doc. 6, 8 et 11). Dans une première conception d'inspiration libérale, la laïcité serait vue comme un principe. À ce titre la liberté religieuse prévaudrait et pourrait s'exprimer notamment dans l'espace public (doc. 8 et 11) alors qu'une conception plus interventionniste souhaiterait un effacement de la religion de la sphère publique pour la confiner dans l'espace privé (doc. 8 et 11).

L'État a dû éclaircir les contours de l'exercice de la laïcité dans la sphère publique et plus précisément dans les services publics (doc. 6). L'État impose une obligation de neutralité du service public, notamment et par exemple, s'agissant de la possibilité de porter un signe religieux, en l'espèce un voile, dans une crèche (doc. 6). En 2015, la Cour européenne des Droits de l'homme a jugé que l'interdiction du port du voile dans les établissements publics était justifiée par le principe de laïcité de l'État et des services publics (doc. 5). La liberté religieuse est ainsi contrainte par la neutralité du service public (doc. 5).

Une loi du 20 avril 2016 relative à la déontologie et aux droits et obligations des fonctionnaires procède à la réécriture de l'article 25 du statut général de la fonction publique et prévoit désormais que, dans l'exercice de ses fonctions, le fonctionnaire est tenu à une obligation de neutralité (doc. 4).

B. L'obligation de respect de l'ordre public

La laïcité est un principe de liberté religieuse qui suppose pour celui qui souhaite s'en prévaloir de respecter l'ordre public et l'intérêt général (doc. 2 et 9). La laïcité prend en compte une multiplicité d'aspirations individuelles qui doivent nécessairement se rejoindre autour de valeurs et de principes républicains (doc. 9).

Pour autant, la nécessité de respecter l'ordre public (doc. 10) ne doit pas faire oublier que la laïcité exprime fondamentalement une tolérance envers les religions et non leur exclusion. La nécessité d'ordre public ne doit pas être instrumentalisée à des fins politiques, comme cela a pu être notamment le cas à la suite des attentats de 2015 (doc. 10) où elle a pu être détournée par l'extrémisme et le racisme (doc. 10).

Dans le même sens, la nécessité d'ordre public ne doit pas pousser à multiplier les législations spécifiques (doc. 3). Par exemple, il n'a pas semblé utile de légiférer sur le port du voile à l'université, les désordres étant trop isolés (doc. 3).

CHAPITRE 3

Dossier corrigé – Les lanceurs d'alerte et l'argent

Section 1

Dossier

À partir du dossier, les candidats rédigeront une note de synthèse sur le thème suivant : « Les lanceurs d'alerte et l'argent ».

Document 1 : Loi n° 2016-1691 du 9 décembre 2016, dite loi « *Sapin II* », relative à la transparence, à la lutte contre la corruption et à la modernisation de la vie économique (extraits).

Document 2 : Emmanuel Daoud et Solène Sfoggia, « Lanceurs d'alerte et entreprises : les enjeux de la Loi "*Sapin II*" », AJ Pénal, février 2017, p. 71 et s. (extraits).

Document 3 : Avis n° 391.262 du Conseil d'État du 24 mars 2016 sur le projet de Loi relatif à la transparence, à la lutte contre la corruption et à la modernisation de la vie économie (extrait).

Document 4 : Projet de Loi relatif à la transparence, à la lutte contre la corruption et à la modernisation de la vie économie (texte définitif n° 830 adopté par l'Assemblée Nationale le 8 novembre 2016), article 14.

Document 5 : Décision du Conseil constitutionnel n° 2016-740 DC du 8 décembre 2016 sur la loi organique relative à la compétence du Défenseur des droits pour l'orientation et la protection des lanceurs d'alerte (extrait).

Document 6 : Décision du Conseil constitutionnel n° 2016-741 DC du 8 décembre 2016 sur la loi relative à la transparence, à la lutte contre la corruption et à la modernisation de la vie économie (extrait).

Document 7 : L. Boi, « Depuis 2011, les lanceurs d'alerte ont gagné 111 millions de dollars aux États-Unis », Les Échos, 22 novembre 2016.

Document 8 : « Le droit d'alerte : signaler, traiter, protéger », Étude adoptée le 25 février 2016 par l'assemblée générale du Conseil d'État, La Documentation française 2016 (extrait).

Document 9 : Nicole Marie Meyer, « Faut-il rémunérer ou indemniser les lanceurs d'alerte ? », Transparency International France, 2016.

Document 10 : Anne Michel, « Fraude fiscale : vers une rémunération des informateurs du fisc », Le Monde. fr, 18 novembre 2016.

Document 11 : Loi de finances pour 2017 (n° 2016-1917 du 29 décembre 2016), article 109.

Document 12 : Décret n° 2017-601 du 21 avril 2017 pris pour l'application de l'article 109 de la loi de finances pour 2017 (n° 2016-1917 du 29 décembre 2016).

Document 13 : Cour de cassation, Chambre sociale, Arrêt n° 1309 du 30 juin 2016 (n° 15-10557).

Document 14 : Note explicative de l'arrêt de la Chambre sociale de la Cour de cassation du 30 juin 2016 n° 15-10557).

Document 15 : « Lanceurs d'alerte : la Cour de cassation juge illicite leur licenciement », Le Parisien. fr avec AFP, 30 juin 2016.

Document 16 : Danièle Lochak, « Les lanceurs d'alerte et les droits de l'Homme : réflexions conclusives », Revue des droits de l'homme, octobre 2016 (extraits).

Document 17 : Arrêt de la Cour européenne des droits de l'Homme (CEDH) du 12 février 2008, Affaire Guja cl Moldova (extraits).

Document 18 : Éric Alt, « De nouvelles protections pour les lanceurs d'alerte – à propos de la loi n° 2016-1691 du 9 décembre 2016 », JCP G, 23 janvier 2017, doctr., p. 90 et 5. (extraits).

• *Document 1 : Loi n° 2016-1691 du 9 décembre 2016, dite loi « Sapin II », relative à la transparence, à la lutte contre la corruption et à la modernisation de la vie économique (extraits).*

Titre Ier : DE LA LUTTE CONTRE LES MANQUEMENTS À LA PROBITÉ

Chapitre II : De la protection des lanceurs d'alerte

Article 6

Un lanceur d'alerte est une personne physique qui révèle ou signale, de manière désintéressée et de bonne foi, un crime ou un délit, une violation grave et manifeste d'un engagement international régulièrement ratifié ou approuvé par la France, d'un acte unilatéral d'une organisation internationale pris sur le fondement d'un tel engagement, de la loi ou du règlement, ou une menace ou un préjudice graves pour l'intérêt général, dont elle a eu personnellement connaissance.

Les faits, informations ou documents, quel que soit leur forme ou leur support, couverts par le secret de la défense nationale, le secret médical ou le secret des relations entre un avocat et son client sont exclus du régime de l'alerte défini parle présent chapitre.

Article 10

I.-L'article L. 1132-3-3 du Code du travail est ainsi modifié :

1° Après le premier alinéa, il est inséré un alinéa ainsi rédigé :

« Aucune personne ne peut être écartée d'une procédure de recrutement ou de l'accès à un stage ou à une période de formation professionnelle, aucun salarié ne peut être sanctionné, licencié ou faire l'objet d'une mesure discriminatoire, directe ou indirecte, notamment en matière de rémunération, au sens de l'article L. 3221-25, de mesures d'intéressement ou de distribution d'actions, de formation, de reclassement, d'affectation, de qualification, de classification, de promotion professionnelle, de mutation ou de renouvellement de contrat, pour avoir signalé une alerte dans le respect des articles 6 à 8 de la loi n° 2016-1691 du 9 décembre 2016 relative à la transparence, à la lutte contre la corruption et à la modernisation de la vie économique. » ;

2° La première phrase du second alinéa est ainsi rédigée :

« En cas de litige relatif à l'application des premier et deuxième alinéas, dès lors que la personne présente des éléments de fait qui permettent de présumer qu'elle a relaté ou témoigné de bonne foi de faits constitutifs d'un délit ou d'un crime, ou qu'elle a signalé une alerte dans le respect des articles 6 à 8 de la loi n° 2016-1691 du 9 décembre 2016 précitée, il incombe à la partie défenderesse, au vu des éléments, de prouver que sa décision est justifiée par des éléments objectifs étrangers à la déclaration ou au témoignage de l'intéressé. »

II.-L'article 6 ter A de la loi n° 83-634 du 13 juillet 1983 portant droits et obligations des fonctionnaires est ainsi modifié :

1° Après le premier alinéa, il est inséré un alinéa ainsi rédigé :

« Aucun fonctionnaire ne peut être sanctionné ou faire l'objet d'une mesure discriminatoire, directe ou indirecte, pour avoir signalé une alerte dans le respect des articles 6 à 8 de la loi n° 2016-1691 du 9 décembre 2016 relative à la transparence, à la lutte contre la corruption et à la modernisation de la vie économique. » ;

(...)

Article 11

Après l'article L. 911-1 du Code de justice administrative, il est inséré un article L. 911-1-1 ainsi rédigé :

« Art. L. 911-1-1.-Lorsqu'il est fait application de l'article L. 911-1, la juridiction peut prescrire de réintégrer toute personne ayant fait l'objet d'un licenciement, d'un non-renouvellement de son contrat ou d'une révocation en méconnaissance du deuxième alinéa de l'article L. 4122-4 du Code de la défense, du deuxième alinéa de l'article L. 1132-3-3 du Code du travail ou du deuxième alinéa de l'article 6 ter A de la loi n° 83-634 du 13 juillet 1983 portant droits et obligations des fonctionnaires, y compris lorsque cette personne était liée par une relation à durée déterminée avec la personne morale de droit public ou l'organisme de droit privé chargé de la gestion d'un service public. »

Article 12

En cas de rupture du contrat de travail consécutive au signalement d'une alerte au sens de l'article 6, le salarié peut saisir le conseil des prud'hommes dans les conditions prévues au chapitre V du titre V du livre IV de la première partie du Code du travail.

Article 14

[Dispositions déclarées non conformes à la Constitution par la décision du Conseil constitutionnel n° 2016-741 DC du 8 décembre 2016.]

Article 16

Le titre III du livre VI du Code monétaire et financier est complété par un chapitre IV ainsi rédigé :

« Chapitre IV

« Signalement des manquements professionnels aux autorités de contrôle compétentes et protection des lanceurs d'alerte.

« Art. L. 634-1.-L'Autorité des marchés financiers et l'Autorité de contrôle prudentiel et de résolution mettent en place des procédures permettant que leur soit signalé tout manquement aux obligations définies par les règlements européens et par le présent code ou le règlement général de l'Autorité des marchés financiers et dont la surveillance est assurée par l'une ou l'autre de ces autorités.

« Le règlement général de l'Autorité des marchés financiers, pour ce qui concerne cette autorité, et un arrêté du ministre chargé de l'Économie, pour ce qui concerne l'Autorité de contrôle prudentiel et de résolution, fixent les modalités d'application du présent chapitre.

« Art. L. 634-3.-Les personnes physiques ayant signalé de bonne foi à l'Autorité des marchés financiers ou à l'Autorité de contrôle prudentiel et de résolution des faits susceptibles de caractériser l'un ou plusieurs des manquements mentionnés à l'article L. 634-1 ne peuvent faire l'objet, pour ce motif, d'un licenciement, d'une sanction, d'une mesure discriminatoire, directe ou indirecte, notamment en matière de rémunération ou d'évolution professionnelle, ou de toute autre mesure défavorable.

« Toute décision prise en méconnaissance du premier alinéa du présent article est nulle de plein droit.

« En cas de litige relatif à l'application des deux premiers alinéas, dès lors que l'auteur du signalement établit des faits qui permettent de présumer qu'il a agi de bonne foi, il incombe à la partie défenderesse, au vu de ces faits, de prouver que sa décision est justifiée par des éléments objectifs étrangers au signalement. Le juge peut ordonner toute mesure d'instruction utile.

- ***Document 2 : Emmanuel Daoud et Solène Sfoggia, « Lanceurs d'alerte et entreprises : les enjeux de la Loi "Sapin II" », AJ Pénal, février 2017, p. 71 et s. (extraits).***

Le 17 janvier 2017, Chelsea Manning, lanceuse d'alerte pour les uns coupable de haute trahison pour les autres, a appris qu'elle sera libérée en mai prochain, et qu'elle ne purgera pas la peine de 35 ans de prison à laquelle elle a été condamnée pour avoir fourni des centaines de milliers de documents confidentiels au site Wikileaks. Si la décision présidentielle de Barack Obama fait polémique, le débat ne s'arrête pas là : Snowden, Deltour, Halet... les lanceurs d'alerte n'en finissent pas de prêter à controverse.

En France, contrairement aux États-Unis, les lanceurs d'alerte ont historiquement nourri de fortes réticences. Ainsi en 2005, appelée à se prononcer sur la question, la CNIL craignait prudemment la mise en place d'« un système organisé de délation professionnelle ». C'est donc seulement en 2007 que le législateur français s'est emparé du sujet et plusieurs textes ont ensuite suivi : la loi du 13 novembre 2007 relative à la lutte contre la corruption, la loi *Bertrand* du 29 décembre 2011 pour les alertes relatives à la sécurité sanitaire des produits de santé, la loi *Blandin* du 16 avril 2013 dans les domaines de la santé publique et de l'environnement, les lois du 11 octobre 2013 s'agissant des conflits d'intérêts, et enfin la loi du 6 décembre 2013 relative à la lutte contre la fraude fiscale et la grande délinquance économique et financière.

Ce volontarisme législatif n'a pas rencontré un grand écho en pratique : un sondage réalisé en décembre 2015 par *Harris Interactive pour Transparency International France* révèle que, s'ils étaient confrontés à un acte de corruption sur leur lieu de travail, près de

40 % des sondés préféreraient en parler à un collègue plutôt qu'à une autre personne ou instance, et ce par peur de représailles pour 39 % d'entre eux.

Le Conseil d'État ne manquait pas de souligner, en 2016, l'absence de cohérence d'un droit du lanceur d'alerte développé par à-coups, au détriment de sa clarté et de son accessibilité. Il y avait donc urgence non seulement à toiletter le droit positif, mais en réalité aussi à revoir l'ensemble du dispositif dans une perspective nationale et transversale.

En effet, et on en veut pour preuve les discussions précédant l'adoption de la loi n° 2016-1691 du 9 décembre 2016, le débat était sous tension tant les intérêts à prendre en considération peuvent apparaître contradictoires. D'un côté, l'alerte déstabilise. Indéniablement, à tous les niveaux de l'entreprise, la réaction face à la notification d'une alerte n'est pas chose aisée, quelle que soit la nature de celle-ci. En parallèle, l'entreprise est légitimement méfiante vis-à-vis des abus et des dérives inévitables en pratique. En effet, comment distinguer les tentatives de déstabilisation, parfois menées ou instrumentalisées par des concurrents, d'alertes réelles ? Comment traiter l'alerte dans le meilleur intérêt de l'entreprise ? Comment continuer à protéger les informations relevant de certains secrets protégés parla loi ?

De l'autre côté, le lanceur d'alerte n'est pas mieux loti face à ses propres interrogations : la situation dénoncée est-elle véritablement contraire à la loi, au code d'éthique de l'entreprise ou même à l'intérêt général ? À qui en parler ? Quelles seront les conséquences ? Le lanceur d'alerte doit ainsi faire un choix entre plusieurs loyautés en conflit : le respect des règles professionnelles auxquelles il est soumis, le confort d'une situation établie ou son souci de l'intérêt général.

Plus généralement, le débat autour des lanceurs d'alerte pose la question de la place accordée à la transparence dans la société. En effet, y compris dans une démocratie, deux exigences en conflit doivent nécessairement s'équilibrer, sinon coexister : le secret et la transparence. La transparence totale est un leurre dangereux pour la protection des intérêts de chacun, au premier rang desquels se trouve la protection de la vie privée. L'instauration d'une culture du citoyen lanceur d'alerte doit donc s'accompagner d'un encadrement équilibré en fonction des intérêts en jeu, pour que le lanceur d'alerte ne soit ni un délateur ni un sycophante, ni encore une victime sacrifiée sur l'autel d'intérêts dits supérieurs.

C'est bien là tout l'enjeu de la loi « *Sapin II* », à la lumière duquel seront analysées les dispositions nouvellement votées ainsi que leur traduction concrète pour les entreprises. Par souci de clarté, ne seront envisagées que les dispositions intéressant les entreprises, mais l'on notera que la loi « Sapin II » introduit également des nouveautés en matière d'alerte pour les personnes morales de droit public, l'Autorité des marchés financiers (AMF), l'Autorité de contrôle prudentiel et de résolution (ACPR) ou bien encore pour certaines professions, tels les fonctionnaires et les militaires.

Quels sont les contours de l'alerte instaurée par la loi « Sapin II » ?

L'article 6 de la loi définit le lanceur d'alerte comme « une personne physique qui révèle ou signale, de manière désintéressée et de bonne foi, un crime ou un délit, une violation grave et manifeste d'un engagement international régulièrement ratifié ou approuvé par la France, d'un acte unilatéral d'une organisation internationale pris sur le fondement d'un tel engagement, de la loi ou du règlement, ou une menace ou un préjudice graves pour l'intérêt général, dont elle a eu personnellement connaissance ».

Cette seule définition révèle un certain nombre de choix du législateur, tenant à la qualité du lanceur d'alerte, à son objet, ses conditions, sa procédure, et à la protection de la personne.

(...)

De quelle protection bénéficie le lanceur d'alerte ?

Une foi que le statut de lanceur d'alerte est reconnu, quelle est l'étendue de la protection qui lui est accordée ?

Classiquement, c'est en premier lieu une protection professionnelle qui s'applique, puisque le salarié est protégé contre les mises à l'écart, sanctions, discriminations ou licenciements. La loi « *Sapin II* » prohibe tout type de sanctions déguisées telles que le reclassement ou encore la mutation, et prévoit un renversement de la charge de la preuve en faveur du lanceur d'alerte. En effet, dès lors que la personne « présente des éléments de fait qui permettent de présumer qu'elle a relaté ou témoigné de bonne foi », c'est à l'entreprise de prouver que sa décision est justifiée par des éléments objectifs étrangers. La loi assure l'effectivité de cette protection, puisqu'elle prévoit désormais que le lanceur d'alerte pourra saisir le conseil de prud'hommes en référé en cas de rupture du contrat de travail consécutive au signalement d'une alerte.

En revanche, le Conseil constitutionnel a censuré « l'aide financière ou le secours financier » laconiquement prévus par la loi, condition dont la plupart des commentateurs considèrent pourtant qu'elle est sine qua non de l'efficacité pratique du dispositif. En effet, le Conseil constitutionnel a jugé que cela ne pouvait relever de la compétence du Défenseur des droits.

• *Document 3 : Avis n° 391.262 du Conseil d'État du 24 mars 2016 sur le projet de Loi relatif à la transparence, à la lutte contre la corruption et à la modernisation de la vie économie (extrait).*

1. Le Conseil d'État a été saisi le 25 février 2016 d'un projet de loi relatif à la transparence, à la lutte contre la corruption et à la modernisation de la vie économique. Outre les nombreuses corrections apportées à l'exposé des motifs et à l'étude d'impact, il a fait l'objet de cinq saisines rectificatives, dont trois le 23 mars.

2. Ce projet de loi, qui comprend soixante-deux articles, est organisé en sept titres.

(...)

Sur les mesures relatives aux lanceurs d'alerte

9. Le Conseil d'État n'a pas vu de difficulté en ce qui concerne la disposition permettant à l'Agence de gestion et de recouvrement des avoirs saisis et confisqués (AGRASC) de verser des contributions servant à financer la protection juridique des personnes souhaitant relater ou témoigner de faits susceptibles de constituer les infractions de corruption, de trafic d'influence, de concussion, de prise illégale d'intérêt, de détournement de fonds publics ou de favoritisme, susceptible d'être prise en charge par le service chargé de la prévention et de l'aide à la détection de la corruption créée par le projet de loi.

• Document 4 : Projet de Loi relatif à la transparence, à la lutte contre la corruption et à la modernisation de la vie économie (texte définitif n° 830 adopté par l'Assemblée nationale le 8 novembre 2016), article 14.

Article 14

« I.-Le Défenseur des droits peut accorder, sur sa demande, à une personne physique qui engage une action en justice en vue de faire reconnaître une mesure défavorable prise à son encontre au seul motif du signalement qu'elle a effectué en application de l'article 6 une aide financière sous la forme d'une avance sur les frais de procédure exposés.

L'aide financière prévue au premier alinéa du présent article peut être accordée sans préjudice de l'aide juridictionnelle perçue en application de la loi n° 91-647 du 10 juillet 1991 relative à l'aide juridique.

Cette aide peut être refusée lorsque les faits n'ont pas été signalés dans les conditions prévues au présent chapitre.

Le montant de cette aide est déterminé en fonction des ressources de la personne et en tenant compte de la nature de la mesure défavorable dont elle entend faire reconnaître l'illégalité lorsque cette mesure emporte privation ou diminution de sa rémunération. Il est diminué de la fraction des frais de procédure prise en charge au titre d'un contrat d'assurance de protection juridique ou d'un système de protection équivalent.

II.-Indépendamment des actions en justice engagées par une personne physique afin de faire valoir ses droits, le Défenseur des droits peut lui accorder un secours financier temporaire s'il estime qu'en raison du signalement qu'elle a effectué dans les conditions énoncées au présent chapitre, elle connaît des difficultés financières présentant un caractère de gravité et compromettant ses conditions d'existence.

III.-Un décret en Conseil d'État fixe les modalités d'application du présent article. »

• Document 5 : Décision du Conseil constitutionnel n° 2016-740 DC du 8 décembre 2016 sur la loi organique relative à la compétence du Défenseur des droits pour l'orientation et la protection des lanceurs d'alerte (extrait).

LE CONSEIL CONSTITUTIONNEL A ÉTÉ SAISI, le 9 novembre 2016, par le Premier ministre, sous le n° 2016-740 DC, conformément aux articles 46, alinéa 5, et 61, alinéa 1er de la Constitution, de la loi organique relative à la compétence du Défenseur des droits pour l'orientation et la protection des lanceurs d'alerte.

Au vu des textes suivants :

- la Constitution ;
- l'ordonnance n° 58-1067 du 7 novembre 1958 modifiée portant loi organique sur le Conseil constitutionnel ;
- la loi organique n° 2011-333 du 29 mars 2011 relative au Défenseur des droits ;
- la loi relative à la transparence, à la lutte contre la corruption et à la modernisation de la vie économique, adoptée le 8 novembre 2016, ensemble la décision du Conseil constitutionnel n° 2016-741 DC du 8 décembre 2016 ;

Et après avoir entendu le rapporteur ;

LE CONSEIL CONSTITUTIONNEL S'EST FONDÉ SUR CE QUI SUIT :

1. La loi organique soumise à l'examen du Conseil constitutionnel a été prise sur le fondement de l'article 71-1 de la Constitution. Elle a été adoptée dans le respect des règles de procédure prévues par les trois premiers alinéas de son article 46.

2. Son article unique modifie les articles 4, 10, 11, 20 et 22 de la loi organique du 29 mars 2011 mentionnée ci-dessus.

3. Le 1° de cet article unique complète l'article 4 de la loi organique du 29 mars 2011 afin de donner compétence au Défenseur des droits pour, d'une part, orienter vers les autorités compétentes toute personne signalant une alerte dans les conditions fixées par la loi, d'autre part, veiller aux droits et libertés de cette personne et, enfin, en tant que de besoin, lui assurer une aide financière ou un secours financier.

4. Aux termes du premier alinéa de l'article 71-1 de la Constitution : « Le Défenseur des droits veille au respect des droits et libertés par les administrations de l'État, les collectivités territoriales, les établissements publics, ainsi que par tout organisme investi d'une mission de service public, ou à l'égard duquel la loi organique lui attribue des compétences ».

5. Ces dispositions de l'article 71-1 de la Constitution permettent au Défenseur des droits d'aider toute personne s'estimant victime d'une discrimination à identifier les procédures adaptées à son cas. Il était donc loisible au législateur organique, qui a estimé que les lanceurs d'alerte courent le risque d'être discriminés par l'organisme faisant l'objet de leur signalement, de charger le Défenseur des droits d'orienter ces personnes vers les autorités compétentes, en vertu de la loi, pour recueillir leur signalement. En revanche, la mission confiée par les dispositions constitutionnelles précitées au Défenseur des droits de veiller au respect des droits et libertés ne comporte pas celle d'apporter lui-même une aide financière, qui pourrait s'avérer nécessaire, aux personnes qui peuvent le saisir. Dès lors, le législateur organique ne pouvait, sans méconnaître les limites de la compétence conférée au Défenseur des droits par la Constitution, prévoir que cette autorité pourrait attribuer aux intéressés une aide financière ou un secours financier.

6. En conséquence, les mots « et, en tant que de besoin, de lui assurer une aide financière ou un secours financier » figurant au 1° de l'article unique de la loi organique déférée, sont contraires à la Constitution. Le reste de ce 1° est conforme à la Constitution.

(...)

LE CONSEIL CONSTITUTIONNEL DÉCIDE :

Article 1er. – Les mots « et, en tant que de besoin, de lui assurer une aide financière ou un secours financier » figurant au 1° de l'article unique de la loi organique relative à la compétence du Défenseur des droits pour l'orientation et la protection des lanceurs d'alerte sont contraires à la Constitution.

• *Document 6 : Décision du Conseil constitutionnel n° 2016-741 DC du 8 décembre 2016 sur la loi relative à la transparence, à la lutte contre la corruption et à la modernisation de la vie économie (extrait).*

En ce qui concerne l'article 14 :

136. L'article 14 prévoit les modalités selon lesquelles, conformément au 1° de l'article unique de la loi organique adoptée le 8 novembre 2016 mentionnée ci-dessus, le Défenseur des droits peut accorder, dans certains cas, une aide financière ou un secours financier à un lanceur d'alerte.

137. Toutefois, dans sa décision de ce jour mentionnée ci-dessus, le Conseil constitutionnel a déclaré contraires à la Constitution les dispositions de cette loi organique qui attribuaient au Défenseur des droits la compétence pour accorder une telle aide ou un tel secours. Par conséquent, l'article 14 de la loi déférée, qui précise les conditions de mise en œuvre de ces dispositions, est contraire à la Constitution.

• *Document 7 : L. Boi, « Depuis 2011, les lanceurs d'alerte ont gagné 111 millions de dollars aux États-Unis », Les Échos, 22 novembre 2016.*

En 2016, la SEC a distribué aux lanceurs d'alerte des primes record.

Dénoncer des escroqueries peut rapporter beaucoup d'argent. Aux États-Unis, en tout cas. Depuis 2011, le gendarme boursier a versé aux lanceurs d'alerte 111 millions de dollars. Ces primes viennent récompenser 34 individus qui ont fourni au régulateur des informations déterminantes sur des groupes cotés lui permettant ainsi de débusquer des escroqueries et des manquements aux réglementations en vigueur. Cette pratique, qui existe depuis l'entrée en vigueur du Dodd-Frank Act, est également payante pour la SEC (Securities Exchange Commission), qui a pu, du coup, prononcer des sanctions pour 584 millions de dollars sur la même période.

Les sommes perçues par les lanceurs d'alerte – directement prélevées sur les amendes infligées et qui peuvent aller de 10 à 30 % de l'argent collecté – ont augmenté considérablement cette année. L'exercice 2015-2016 clos en août représente une année historique ; la SEC a distribué des primes records de 57 millions de dollars (contre « seulement » 35 millions de dollars en 2014). Six primes ont dépassé le million de dollars : un informateur, salarié d'une grande entreprise, a perçu à lui seul 22 millions pour avoir mis à jour une fraude que, sans lui, le régulateur n'aurait pu soupçonner. C'est la deuxième plus grosse récompense jamais attribuée derrière celle de 30 millions de dollars octroyée à un individu hors des États-Unis en 2014. Autre signe d'une forte activité, le gendarme boursier américain a reçu 4 200 « tuyaux » soit 40 % de plus que sur la première année d'activité en 2011-2012.

Incertitudes sur le Dodd-Frank Act

Dans son bilan annuel, la SEC indique être convaincue que les incitations financières vont continuer à pousser les indicateurs à dénoncer tout type de fraude. Le départ de Mary Jo White, qui dirigeait la SEC depuis avril 2013, prévu pour janvier 2017, et conséquence de l'arrivée à la présidence des États-Unis de Donald Trump, pourrait changer la donne. C'était à elle qu'avait incombé la lourde tâche de faire appliquer le Dodd-Frank Act, réglementation qui faisait suite à la crise financière de 2008.

Autres pays, autres mœurs. En France, de nombreux débats ont eu lieu récemment dans le cadre de la loi *Sapin II*, loi relative à la transparence, à la lutte contre la corruption et à la modernisation de la vie économique : fallait-il ou non rémunérer le lanceur d'alerte ? Le principe de rémunération a été écarté. La volonté du législateur français a été de limiter l'indemnisation à ce qui relève du domaine du secours en cas de graves difficultés financières, en excluant toute notion de profit pour le lanceur d'alerte.

- ***Document 8 : « Le droit d'alerte : signaler, traiter, protéger », Étude adoptée le 25 février 2016 par l'assemblée générale du Conseil d'État, La Documentation française 2016 (extrait).***

L'alerte éthique a acquis droit de cité dans notre démocratie, dans le fonctionnement des entreprises et des administrations et, plus largement, dans la vie publique. Figure renouvelée du citoyen vigilant, le lanceur d'alerte a conquis de nouveaux droits et il apparaît aujourd'hui comme un aiguillon utile, et parfois nécessaire, à une meilleure gouvernance. En France, si l'alerte éthique suscite les enthousiasmes, elle nourrit aussi des réticences fortes, face au double risque d'une suspicion généralisée, qui déstabiliserait notre société, ou d'une délation organisée, pratique qui a constitué une tache dans des périodes troublées de notre histoire et qui a tant fait souffrir les peuples vivant sous des régimes totalitaires.

Le lanceur d'alerte n'est ni un dissident, qui s'opposerait radicalement à une collectivité, ni un partisan de la désobéissance civile, qui revendiquerait une « contre-légitimité ». Il n'est pas non plus un délateur ou un sycophante, qui agirait dans son intérêt personnel, ni un calomniateur, qui chercherait à nuire ou à jeter l'opprobre. Le lanceur d'alerte signale, de bonne foi, librement et dans l'intérêt général, de l'intérieur d'une organisation ou de l'extérieur, des manquements graves à la loi ou des risques graves menaçant des intérêts publics ou privés, dont il n'est pas l'auteur. La présente étude le distingue donc des personnes dont la profession ou l'activité habituelle est d'alerter, comme les journalistes, ainsi que des personnes qui font connaître des comportements répréhensibles dont ils sont, au moins pour partie, les auteurs.

Pratique ancienne, l'alerte éthique est aujourd'hui confrontée à des enjeux inédits. Avec les procédures de contrôle institutionnel, qu'elle ne remplace pas, mais qu'elle complète et renforce, elle vise à prévenir, d'une manière plus proche, réactive et transparente, les dysfonctionnements des organisations publiques et privées. Avec internet et le numérique, ses canaux d'expression se sont diversifiés, mondialisés et, dans une certaine mesure, dérégulés.

Parce que l'alerte éthique ne peut rester l'apanage d'acteurs héroïques, parce que les nouveaux canaux qu'elle emploie lui ont donné une puissance qui parfois devient destructrice, il faut qu'elle devienne une procédure sûre, accessible et structurée ; c'est pour cela qu'un droit spécifique a été inventé. La France connaît de longue date des obligations de signalement au sein des services publics et des entreprises, mais elle ne s'est dotée que récemment de règles ayant pour objet de protéger les lanceurs d'alerte contre tout risque de représailles. Depuis 2007, plusieurs lois sont venues remédier à ce retard, qui est aujourd'hui en grande partie comblé.

L'état de notre droit n'est pas pour autant satisfaisant, car il s'est développé comme par empilement et par à-coups, au détriment de sa clarté et de son accessibilité, comme de sa cohérence et de l'homogénéité de ses principes fondamentaux. Par ailleurs, des lacunes ou des zones d'ombre demeurent, en particulier s'agissant des procédures et des modalités pratiques de lancement et de traitement des alertes. L'alerte éthique risque par conséquent d'être réduite à ses formes les plus paroxystiques, souvent contraires à la finalité d'intérêt général qu'elle poursuit. Un double travail de mise en ordre et de mise à jour reste donc encore à accomplir.

Pour y parvenir, un bloc de règles et principes communs doit être identifié, tout en respectant la diversité des situations, selon leur gravité et leur degré d'urgence, selon que les émetteurs et les destinataires de l'alerte appartiennent ou non à l'organisation visée, selon la nature et l'importance des missions confiées à cette organisation, publique ou privée. Cette diversité, qu'un dispositif unique et transversal prendrait difficilement en compte, appelle des procédures plus ou moins graduées de signalement, des modes variés de traitement et des mesures adaptées de protection des lanceurs d'alerte. On ne saurait donc sacrifier à une vision simplificatrice de l'alerte éthique, car il faut tout à la fois prévenir et réprimer efficacement les infractions et ne pas nuire aux intérêts publics et privés que l'alerte entend sauvegarder, ni porter atteinte aux secrets protégés par la loi et qu'il ne serait pas impératif de lever pour lancer cette alerte. Il faut aussi que les alertes reçues puissant être traitées par des procédures appropriées, afin de donner rapidement des suites à celles qui sont légitimes et d'écarter celles qui sont infondées, voire abusives.

Conformément à la lettre de mission du Premier ministre, la présente étude dresse un bilan critique des dispositifs d'alerte éthique en vigueur et émet des propositions pour en améliorer l'efficacité. Elle s'organise en trois parties et montre que :

1°) si la France dispose de longue date de divers mécanismes de signalement, la diffusion de dispositifs d'alerte professionnelle est récente, de même que l'adoption par le législateur de dispositions ayant pour objet spécifique la protection des lanceurs d'alerte ;

2°) ces dispositifs sont peu utilisés, faute de former un ensemble cohérent, d'être suffisamment précis quant aux procédures à mettre en œuvre et de garantir aux lanceurs d'alerte une protection efficace ;

3°) l'amélioration de ces dispositifs suppose l'adoption d'un socle commun reposant sur des procédures graduées et sécurisées, un traitement effectif des alertes éthiques et une protection efficace tant pour ceux qui les lancent que pour ceux qui en sont la cible.

Les diagnostics et les propositions de cette étude sont le fruit des travaux d'un groupe de travail composé de membres du Conseil d'État ainsi que de représentants des administrations, du monde associatif et de l'Université. Il a été procédé, au sein de ce groupe, à de nombreuses auditions, dont la liste figure en annexe.

3.3.5. Écarter l'idée d'incitations financières au bénéfice des lanceurs d'alerte

Tous les acteurs auditionnés dans le cadre de la présente étude se sont déclarés opposés à ce que des incitations financières soient instituées au bénéfice des lanceurs d'alerte, en raison notamment du risque de favoriser les alertes abusives ou malveillantes. Les positions ainsi exprimées rejoignent, en définitive, l'appréciation portée par la Cour européenne des droits de l'homme dans sa décision *Guja c. Moldova* du 12 février 2008 (n° 14277/04), selon laquelle « un acte motivé par un grief ou une animosité personnels ou encore par la perspective d'un avantage personnel, notamment un gain pécuniaire, ne justifie pas un niveau de protection élevé ». Par ailleurs, s'il existe des mécanismes de rémunération de personnes qui apportent des informations utiles à certaines administrations, ces personnes rémunérées de manière habituelle, ne peuvent être assimilés à des lanceurs d'alertes au sens de la présente étude et des dispositions instituant des mécanismes de protection pour ces derniers. Les lanceurs d'alertes sont en effet confrontés de manière inattendue à un comportement fautif ou à un risque, n'en font donc pas une activité habituelle et agissent dans l'intérêt général et non pour obtenir une rémunération.

• *Document 9 : Nicole Marie Meyer, « Faut-il rémunérer ou indemniser les lanceurs d'alerte ? », Transparency International France, 2016.*

Alors que la question est régulièrement posée en France au fil des scandales médiatiques, Transparency France compare les législations étrangères et rappelle que le lanceur d'alerte doit agir avant tout, de façon désintéressée, dans l'intérêt général.

Un choix de société

Selon les Principes directeurs pour une législation de l'alerte de Transparency International (2009), l'attribution ou non d'une récompense financière, ou d'un prix, aux lanceurs d'alerte, et son financement éventuel au prorata des montants recouvrés ou des amendes encaissées, doivent être étudiés en fonction du contexte culturel de chaque pays.

Ainsi, si l'usage d'une récompense semble adapté au droit américain – à la conjonction du qui tam anglo-saxon et de la tradition du « chasseur de prime », auxiliaire du shérif, l'Europe a pour l'instant exclu une récompense financière des législations nationales adoptées. La fondation britannique Public Concern at Work, créée en 1993 en soutien aux lanceurs d'alerte, a publié en 2013 une étude sur 1 000 cas [2009-2010], établissant que la motivation première des salariés est que l'alerte soit traitée. La Cour européenne des droits de l'homme (CEDH) a par ailleurs construit une jurisprudence sur les critères suivants :

- l'intérêt public du signalement, qui peut prévaloir sur une obligation de confidentialité
- l'authenticité de l'information divulguée
- le poids respectif du dommage causé à l'employeur et de l'intérêt public
- la motivation de l'employé, qui doit être désintéressé
- les représailles subies par le lanceur d'alerte
- l'existence d'autres canaux de signalement, sachant que les médias doivent être saisis en dernier ressort.

L'adaptation du qui tam anglo-saxon au droit américain ; rétrocessions ou récompenses financières

Le False Claims Act (31 USC§ 3729 et s.) ou loi Lincoln (1863) est une procédure de qui tam, longtemps usuelle en common law et issue du droit romain et anglo-saxon. Le FCA offre à tout citoyen américain intentant un procès au nom de l'État fédéral, pour fraudes à son encontre, une récompense de 25 à 30 % des montants ainsi recouvrés si le gouvernement est exclu de l'action en justice, de 15 à 20 % s'il est co-plaignant. Le pourcentage rétrocédé est inférieur ou égal à 10 %, si l'information à l'origine du signalement vient d'une source extérieure (presse).

Hors le mécanisme du qui tam, d'autres lois américaines à portée extraterritoriale prévoient une récompense financière, sans que le lanceur d'alerte intente quelque action en justice. Selon le Dodd Frank Act (2011), le lanceur d'alerte perçoit ainsi, pour le signalement d'une violation à la sécurité financière, de 10 à 30 % du montant recouvré – si ce montant excède 1 million. En 2014, un lanceur d'alerte étranger a perçu de la SEC un montant de 30 millions de dollars.

La Corée et la Malaisie ont également adopté un système ad hoc de récompenses, si le signalement permet de recouvrer, ou abonder, les fonds du gouvernement central ou local.

Si les législations ayant adopté de telles rétributions se sont révélées d'une redoutable efficacité sinon une manne pour les trésors publics, elles présentent le double désavantage d'être profondément inégalitaires face aux lanceurs d'alerte – dont le signalement d'intérêt général n'induit pas nécessairement une recette fiscale –, et de dévoyer la notion même de « signalement dans l'intérêt général », désintéressé, avec toutes les dérives possibles vers une société de délation. L'on a vu ainsi se développer en Corée un nouveau métier de chasseur de primes, traquant au quotidien sinon suscitant des infractions à la loi.

Le choix européen

Suite à une série de tragédies (400 morts) et après 5 années de travaux du Parlement, des Universités et ONG, le Royaume-Uni adoptait en 1998 une loi globale protégeant les lanceurs d'alerte des secteurs publics et privés, le Public Interest Disclosure Act, toujours considérée comme la plus équilibrée au monde. Outre un signalement gradué par paliers, elle offre à la fois une protection en amont – avec un référé conservatoire d'emploi jusqu'au procès, et en aval – avec un dédommagement intégral de la perte de revenus (incluant les années de retraite) et de la souffrance morale. Soit un double mécanisme de prévention et réparation, mais ni rétrocession ni récompense. En 2013, cette loi a été amendée, en recentrant la définition du signalement sur le concept d'intérêt général, et ajoutant une protection, avec sanctions pénales, contre les représailles de tierces parties (ex. Les collègues de travail).

D'autres législations, globales ou partielles, s'en sont inspirées, notamment en Europe (La Hongrie, l'Italie), l'Irlande étant le dernier pays à avoir repris en 2014 son architecture et sa philosophie, avec des amendements (élargissement du champ matériel, immunité en termes de procédure civile). D'autres pays européens expérimentaient des voies originales (la Roumanie, 2004 ; la France, 2013), toujours sans récompenses financières.

Parallèlement à cette expérimentation législative mondiale et européenne, et en tirant les enseignements (avec l'expertise des ONG dont TI), le Conseil de l'Europe élaborait de 2009 à 2014 un corpus théorique pionnier, notamment avec la Recommandation du Comité des Ministres du 30 avril 2014, retenant pour définition le signalement « d'une menace ou d'un préjudice pour l'intérêt général », avec en amont le référé conservatoire d'emploi, et en aval l'aménagement de la charge de la preuve, et la protection contre toutes représailles, actives ou passives. Ni incitation ni récompense financière, mais la question d'une aide ou compensation financière pour régler les frais de justice était utilement abordée lors des débats.

Enfin l'on retiendra l'importance accordée par la CEDH, dans sa jurisprudence, au caractère désintéressé du signalement.

Conclusion : un choix élitaire ou solidaire

Les États-Unis ont depuis plus d'un siècle fait le choix culturel d'une récompense ciblée (secteur, montant), bénéficiant au trésor public. L'Europe a fait depuis 20 ans le choix de la prévention et réparation, au travers de législations nationales – qui peuvent être amendées et accompagnées d'une aide financière aux frais de justice et d'une valorisation des lanceurs d'alerte (prix, promotion professionnelle, presse).

L'émiettement de certaines législations européennes, notamment française, l'absence de contre-pouvoirs puissants (Agences indépendantes, fondations) fait la faiblesse de leur protection. La France pourrait faire le choix d'un mécanisme de prélèvement d'un prorata des fonds recouvrés ou des amendes versées, alimentant un fonds ou une fondation pour les victimes – pour toutes les victimes.

Transparency France, saluant le choix qu'a fait l'Europe d'un cadre différent du cadre nord-américain, se prononce contre la rémunération des lanceurs d'alerte, et en faveur d'un double mécanisme de prévention et d'indemnisation intégrale des préjudices subis.

1- Abréviation de *qui tam pro domino rege quam pro se ipso in hac parte sequitur*, ou « qui poursuit en justice pour le roi comme pour lui-même ». Pour la seule année fiscale 2013, le gouvernement fédéral a recouvré via les actions en qui tam 2,9 milliards de dollars, et les lanceurs d'alerte perçu 345 millions.

- ***Document 10 : Anne Michel, « Fraude fiscale : vers une rémunération des informateurs du fisc », Le Monde. fr, 18 novembre 2016.***

La France devrait bientôt rémunérer les lanceurs d'alerte en matière de fraude fiscale, sous réserve que ceux-ci dénoncent des cas suffisamment importants.

C'est presque fait. Comme l'Allemagne et le Danemark, la France devrait bientôt rémunérer les informateurs du fisc – qui se présentent souvent comme des lanceurs d'alerte –, sous réserve que ceux-ci dénoncent des cas suffisamment importants de grande fraude internationale passant par les paradis fiscaux.

Le gouvernement, par l'entremise du ministre de l'Économie et des Finances, Michel Sapin, et du secrétaire d'État au budget, Christian Eckert, devrait en faire la proposition à l'occasion de l'examen à l'Assemblée nationale d'un amendement sur le sujet au projet de loi de finances 2017.

Cet amendement, notamment porté par les députés socialistes Valérie Rabault et Richard Ferrand et adopté en commission des finances début novembre, vise à permettre à l'administration fiscale de payer les personnes qui dénoncent des comportements frauduleux en matière d'impôts et détiennent des données en ce sens. Le gouvernement y est favorable sur le fond, mais souhaite en limiter la forme afin qu'il ne s'agisse pas « de dénoncer son voisin », souligne-t-on à Bercy, mais de révéler des scandales de fraude fiscale internationale, sophistiqués ou à grande échelle.

En outre, Bercy précise qu'une fois rémunérés, ces informateurs, même s'ils se conçoivent comme des lanceurs d'alerte, ne pourront prétendre juridiquement parlant au statut protecteur ad hoc créé par la loi *Sapin 2*, adoptée à l'Assemblée le 8 novembre. En effet, ce statut suppose d'agir de manière désintéressée.

Une idée étrangère à la tradition française

L'idée est donc de trouver un terrain d'entente avec les députés sur les contours d'une telle réforme. La rémunération de personnes dénonçant des fraudes à l'impôt, telle qu'elle se pratique déjà dans plusieurs pays étrangers, ne fait pas partie de la tradition française. Et ce, alors même que les services de police et de gendarmerie, ainsi que les douanes, disposent, pour leur part, de la possibilité d'acheter des renseignements.

Mais ces derniers mois, face à la multiplication des affaires de fraude et d'évasion fiscales, notamment révélées par la presse (« SwissLeaks », « Panama papers », etc.), l'idée de payer les lanceurs d'alerte a fait son chemin.

La France n'est d'ailleurs pas le seul pays à y songer ; la Belgique vient par exemple de mettre en place un groupe de travail ad hoc au sein de l'Inspection spéciale des impôts pour tirer le bilan des expériences allemande et danoise.

Une telle réforme marquerait une rupture en France et permettrait, selon ses partisans, de donne un coup d'accélérateur à la lutte contre la fraude et l'évasion fiscales. Aujourd'hui, dans le cadre de sa mission, l'administration fiscale reçoit de nombreuses dénonciations de comportements frauduleux, mais, comme le soulignent les députés à l'origine de l'amendement, aucune base légale ne permet d'indemniser ces « indics ».

Grands risques

En outre, ajoutent les parlementaires, les affaires HSBC, UBS et « Panama papers » ont montré que des personnes prenaient de grands risques pour dénoncer des montages de fraude sophistiquée. « Une divulgation de ces informations en échange d'une indemnité est tout à fait légitime », estiment-ils. La rémunération des lanceurs d'alerte pourrait être effective dès le 1er janvier 2017.

À titre d'exemple, précisent les députés, à bon entendeur, « de 2010 à 2016, le Land allemand de la Rhénanie-du-Nord-Westphalie a acheté onze CD ou clés USB à des banques aux pratiques indélicates. Coût total de 18 millions d'euros pour un retour sur investissement de plus de 6 milliards d'euros pour le budget fédéral ; 2,1 milliards d'euros pour les seules finances de la région ».

• *Document 11 : Loi de finances pour 2017 (n° 2016-1917 du 29 décembre 2016), article 109.*

I. – MESURES FISCALES ET MESURES BUDGÉTAIRES NON RATTACHÉES

Article 109

I. – À titre expérimental et pour une durée de deux ans, le Gouvernement peut autoriser l'administration fiscale à indemniser toute personne étrangère aux administrations publiques, dès lors qu'elle lui a fourni des renseignements ayant amené à la découverte d'un manquement aux règles fixées à l'article 4 B, au 2 bis de l'article 39 ou aux articles 57, 123 bis, 155 A, 209, 209 B ou 238 A du Code général des impôts ou d'un manquement aux obligations déclaratives prévues au deuxième alinéa de l'article 1649 A ou aux articles 1649 AA ou 1649 AB du même code.

L'administration peut recevoir et exploiter les renseignements mentionnés au premier alinéa du présent I dans le cadre des procédures prévues au titre II de la première partie du livre des procédures fiscales, à l'exception de celle mentionnée à l'article L. 16 B du même livre lorsque ces renseignements n'ont pas été régulièrement obtenus par la personne les ayant communiqués à l'administration.

Les conditions et modalités de l'indemnisation sont déterminées par arrêté du ministre chargé du Budget.

Chaque année, le ministre chargé des finances communique au Parlement un rapport sur l'application de ce dispositif d'indemnisation. Il comporte notamment le nombre de mises en œuvre de ce dispositif et le montant des indemnisations versées.

II. – Le I entre en vigueur le 1er janvier 2017.

• Document 12 : Décret n° 2017-601 du 21 avril 2017 pris pour l'application de l'article 109 de la loi de finances pour 2017 (n° 2016-1917 du 29 décembre 2016).

Le Premier ministre,

Sur le rapport du ministre de l'Économie et des finances,

Vu la Constitution, notamment son article 37-1 ;

Vu la loi n° 2016-1917 du 29 décembre 2016 de finances pour 2017, notamment son article 109 ;

(...)

Décrète :

Article 1

À titre expérimental et pour une durée de deux ans, la direction générale des finances publiques peut indemniser toute personne étrangère aux administrations publiques qui lui a fourni des renseignements ayant conduit à la découverte d'un manquement mentionné au premier alinéa du I de l'article 109 de la loi du 29 décembre 2016 susvisée.

Article 2

Le ministre de l'Économie et des Finances et le secrétaire d'État chargé du budget et des comptes publics sont chargés, chacun en ce qui le concerne, de l'exécution du présent décret, qui sera publié au Journal officiel de la République française.

• Document 13 : Cour de cassation, Chambre sociale, Arrêt n° 1309 du 30 juin 2016 (n° 15-10557).

CONTRAT DE TRAVAIL, RUPTURE

Cassation partielle

Demandeur{s} : M. Laurent X...

Défendeur{s} : L'association Agrexam

Attendu, selon l'arrêt attaqué, que M. X... a été engagé le 17 août 2009 en qualité de directeur administratif et financier par l'association guadeloupéenne de gestion et de réalisation des examens de santé et de promotion de la santé (l'association), qui a pour mission de gérer le centre d'examen de santé, structure sanitaire faisant partie du dispositif général de la santé publique en Guadeloupe ; qu'après avoir dénoncé au procureur de la République les agissements d'un membre du conseil d'administration et du président de l'association, il a été licencié, par lettre du 29 mars 2011, pour faute lourde ; qu'il a saisi la juridiction prud'homale en nullité de son licenciement et en paiement de diverses sommes à titre d'indemnités et de rappels de salaire ;

Sur le moyen unique du pourvoi incident de l'employeur qui est préalable :

Attendu que l'association fait grief à l'arrêt de dire sans cause le licenciement et de la condamner à payer diverses sommes à titre de dommages et intérêts, de rappel de salaire pendant la période de mise à pied, d'indemnité de préavis, d'indemnité au titre du droit individuel à la formation et de rejeter ses demandes en paiement de dommages-intérêts pour atteinte à l'honneur et dénonciation calomnieuse, violation du secret professionnel et de la correspondance, alors, selon le moyen :

1°/que constitue une faute grave la dénonciation, production de pièces confidentielles à l'appui, de faits présentés comme délictueux, lorsqu'aucun élément de délit ne peut être constitué et que la dénonciation n'est pas faite de bonne foi ; que pour dire que les faits dénoncés par le salarié pouvaient être considérés comme délictueux, la cour d'appel a retenu que l'établissement d'un contrat de travail à temps plein avec effet rétroactif alors que l'intéressée n'a manifestement pas assuré un tel travail à temps plein peut être qualifié d'escroquerie, et en l'espèce, compte tenu du mode de financement de l'association, comme de détournement de fonds publics ; que l'association soutenait cependant que le docteur Y... avait effectivement travaillé pour son compte et que le fonctionnement des centres n'aurait pas été possible sans son travail ; qu'en se contentant de die manifeste l'absence de travail à temps plein du docteur Y... sans répondre à cette argumentation, dont il résultait que le travail du docteur Y..., ne fut-il pas à temps plein, était effectif et n'avait pas été rémunéré, ce dont il résultait que les faits dénoncés n'étaient pas délictueux, la cour d'appel a privé sa décision de base légale au regard des articles L. 1222- 1, L. 1232-1, 1234-1 et L. 1234-9, du Code du travail ;

2°/qu'elle soutenait encore que le salarié avait précisément refusé pendant toute cette période de régulariser la situation du docteur Y..., mettant lui-même celui-ci en difficulté par sa résistance acharnée et son hostilité personnelle contre ce médecin, alors qu'il percevait lui-même son salaire ; qu'il avait ainsi lui-même créé la situation qu'il avait dénoncée de mauvaise foi ; qu'en ne recherchant pas, comme elle y était ainsi invitée, si la dénonciation n'avait pas été faite de mauvaise foi dans un intérêt étranger à celui énoncé, la cour d'appel a privé sa décision de base légale au regard des articles L. 1222-1, L. 1232-1, 1234-1 et L. 1234-9, du Code du travail ;

3°/qu'en ne répondant pas à cette argumentation déterminante, la cour d'appel a violé l'article 455 du Code de procédure civile ;

Mais attendu que le fait pour un salarié de porter à la connaissance du procureur de la République des faits concernant l'entreprise qui lui paraissent anormaux, qu'ils soient au non susceptibles de qualification pénale, ne constitue pas en soi une faute ;

Et attendu qu'ayant constaté d'abord, que le salarié avait informé le procureur de la République de ce que le directeur du centre avait tenté de se faire payer des salaires pour un travail qui n'avait pas été accompli et obtenu du président de l'association la signature d'un contrat de travail alors qu'il était dans le même temps administrateur de l'association, de tels faits étant susceptibles de constituer une escroquerie ou un détournement de fonds publics, et ensuite, que sa bonne foi ne pouvait être mise en doute, la cour d'appel, sans avoir à procéder à une recherche que ses constatations rendaient inopérante, en a exactement déduit que le salarié n'avait commis aucune faute en révélant les faits aux autorités judiciaires ;

D'où il suit que le moyen n'est pas fondé ;

Mais sur le premier moyen du pourvoi principal du salarié :

Vu l'article 10 § 1 de la Convention de sauvegarde des droits de l'homme et des libertés fondamentales ;

Attendu qu'en raison de l'atteinte qu'il porte à la liberté d'expression, en particulier au droit pour les salariés de signaler les conduites ou actes illicites constatés par eux sur leur lieu de travail, le licenciement d'un salarié prononcé pour avoir relaté ou témoigné, de bonne foi, de faits dont il a eu connaissance dans l'exercice de ses fonctions et qui, s'ils étaient établis, seraient de nature à caractériser des infractions pénales, est frappé de nullité ;

Attendu que pour dire qu'il n'y avait pas lieu d'annuler le licenciement et débouter le salarié de sa demande de réintégration, l'arrêt retient que la nullité ne peut être prononcée en l'absence de texte la prévoyant puisque les articles L. 1132-3-3 et L. 1132-4 du Code du travail issus de la loi n° 2013-1117 du 6 décembre 2013, n'étaient pas applicables à l'époque du licenciement et que les faits dénoncés par le salarié ne se rattachaient pas à des faits de corruption, ce qui exclut l'application de l'article L. 1161-1 du Code du travail ;

Qu'en statuant ainsi, alors qu'elle avait constaté que le licenciement était motivé par le fait que le salarié, dont la bonne foi ne pouvait être mise en doute, avait dénoncé au procureur de la République des faits pouvant être qualifiés de délictueux commis au sein de l'association, la cour d'appel qui n'a pas tiré les conséquences légales de ses constatations, a violé le texte susvisé ;

Et sur le second moyen du pourvoi principal :

Vu l'article L. 3123-14 du Code du travail ;

Attendu que pour rejeter la demande du salarié de rappel de salaires liée à la requalification en temps plein de son contrat de travail à temps partiel à temps plein, l'arrêt retient qu'il ne produit aucun élément permettant de supposer qu'il ait travaillé plus de 136,50 heures par mois ;

Attendu, cependant, qu'il résulte de l'article L. 3123-14 du Code du travail que le contrat écrit du salarié à temps partiel doit mentionner la durée hebdomadaire ou, le cas échéant, mensuelle prévue et, sauf pour les salariés des associations et entreprises d'aide à domicile, la répartition de la durée du travail entre les jours de la semaine ou les semaines du mois ; qu'il en résulte que l'absence d'écrit mentionnant la durée du travail et sa répartition fait présumer que l'emploi est à temps complet et qu'il incombe à l'employeur qui conteste cette présomption de rapporter la preuve, d'une part de la durée exacte hebdomadaire ou mensuelle convenue, d'autre part que le salarié n'était pas placé dans l'impossibilité de prévoir à quel rythme il devait travailler et qu'il n'avait pas à se tenir constamment à la disposition de l'employeur ;

Qu'en se déterminant comme elle a fait, sans rechercher comme il lui était demandé, si le contrat de travail à temps partiel mentionnait la durée du travail ainsi que la répartition de la durée du travail entre les jours de la semaine ou les semaines du mois, la cour d'appel a privé sa décision de base légale ;

PAR CES MOTIFS :

CASSE ET ANNULE, mais seulement en ce qu'il déboute le salarié de ses demandes en nullité de son licenciement et de réintégration dans ses fonctions et de sa demande en paiement d'un rappel de salaire liée à la requalification de son contrat de travail à temps partiel en contrat à temps complet, l'arrêt rendu le 13 octobre 2014, entre les parties, par la cour d'appel de Basse-Terre ; remet, en conséquence, sur ces points, la cause et les parties dans l'état où elles se trouvaient avant ledit arrêt et, pour être fait droit, les renvoie devant la cour d'appel de Basse-Terre, autrement composée.

• *Document 14 : Note explicative de l'arrêt de la Chambre sociale de la Cour de cassation du 30 juin 2016 (n° 15-10557).*

Depuis quelques années, le législateur est intervenu pour protéger, contre des mesures de représailles, les salariés qui dénoncent des faits répréhensibles dont ils ont connaissance dans le cadre de leurs fonctions. Dernièrement, la loi n° 2013-1117 du 6 décembre 2013 relative à la lutte contre la fraude fiscale et la grande délinquance économique et financière a, ainsi, inséré dans le Code du travail l'article L. 1132-3-3 qui dispose notamment qu'aucun salarié ne peut faire l'objet d'une mesure discriminatoire pour « avoir relaté ou témoigné de bonne foi, de faits constitutifs d'un délit ou d'un crime dont il aurait eu connaissance dans l'exercice de ses fonctions », une telle mesure étant sanctionnée par la nullité du licenciement, en application de l'article L. 1132-4 du même code.

Dans l'affaire ayant donné lieu à l'arrêt du 30 juin 2016, le salarié engagé en qualité de directeur administratif et financier par une association ayant pour mission de gérer un centre d'examen de santé, partie intégrante du dispositif de santé publique en Guadeloupe, avait été licencié, en mars 2011, pour faute lourde, après avoir dénoncé au procureur de la République les agissements d'un membre du conseil d'administration et du président de l'association susceptibles de constituer une escroquerie ou un détournement de fonds publics.

Or, si la cour d'appel a jugé que ce licenciement était sans cause réelle et sérieuse aux motifs que le salarié – dont la bonne foi ne pouvait être mise en cause – n'avait commis aucune faute en révélant de tels faits aux autorités judiciaires, elle a en revanche refuse d'annuler le licenciement, considérant que la nullité ne pouvait être prononcée, en l'absence de texte la prévoyant, puisque les articles L. 1132-3-3 et L. 1132-4 du code du travail, issus de la loi du 6 décembre 2013, n'étaient pas applicables au moment de la dénonciation des faits ayant donné lieu au licenciement.

Sur le pourvoi formé contre cette décision, la Chambre sociale de la Cour de cassation, dans le prolongement des décisions de la Cour européenne des droits de l'homme qui considèrent que les sanctions prises à l'encontre de salariés ayant critiqué le fonctionnement d'un service ou divulgué des conduites ou des actes illicites constatés sur leur lieu de travail constituent une violation à leur droit d'expression au sens de l'article 10-1 de la Convention de sauvegarde des droits de l'homme, et dans le prolongement de sa propre jurisprudence qui admet la nullité du licenciement ou de toute mesure de rétorsion portant atteinte à une liberté fondamentale du salarié ; censure l'arrêt de la cour d'appel et affirme pour la première fois qu'« en raison de l'atteinte qu'il porte à la liberté d'expression, en particulier au droit pour les salariés de signaler les conduites ou actes illicites constatés par eux sur leur lieu de travail, le licenciement d'un salarié prononcé pour avoir relaté ou témoigné, de bonne foi, de faits dont il a eu connaissance dans l'exercice de ses fonctions et qui, s'ils étaient établis, seraient de nature à caractériser des infractions pénales, est atteint de nullité ».

Une telle décision est de nature à protéger les lanceurs d'alerte, dans la mesure où, par ailleurs, la chambre sociale instaure cette immunité non seulement lorsque les faits illicites sont portés à la connaissance du procureur de la République mais également, de façon plus générale, dès lors qu'ils sont dénoncés à des tiers.

- ***Document 15 : « Lanceurs d'alerte : la Cour de cassation juge illicite leur licenciement », Le Parisien. fr avec AFP, 30 juin 2016.***

C'est une première en France. Les lanceurs d'alerte doivent bénéficier d'une « immunité » vis-à-vis de leur employeur, a estimé ce jeudi la Cour de cassation, alors que le parlement débat de l'instauration d'un statut protecteur pour les salariés qui dénoncent des actes illicites commis sur leur lieu de travail.

Atteinte à la liberté d'expression

« En raison de l'atteinte qu'il porte à la liberté d'expression, en particulier du droit pour les salariés de signaler les conduites ou actes illicites constatés par eux sur leur lieu de travail, le licenciement d'un salarié prononcé pour avoir relaté ou témoigné, de bonne foi, de faits dont il a eu connaissance dans l'exercice de ses fonctions et qui, s'ils étaient établis, seraient de nature à caractériser des infractions pénales, est atteint de nullité », a justifié la Cour en soulignant que son arrêt constitue une première.

Dans une note explicative, la plus haute juridiction de l'ordre judiciaire précise que cette décision « est de nature à protéger les lanceurs d'alerte, dans la mesure où la chambre sociale instaure cette immunité non seulement lorsque les faits illicites sont portés à la connaissance du procureur de la République mais également, de façon plus générale, dès lors qu'ils sont dénoncés à des tiers ».

Un droit pour tous les salariés

La Chambre sociale de la Cour de cassation a ainsi cassé un arrêt de la cour d'appel de Basse-Terre en Guadeloupe. Cette dernière avait refusé d'annuler le licenciement pour faute lourde d'un salarié d'une association qui avait dénoncé à la justice les agissements de responsables de cette structure. La Cour a également renvoyé l'affaire devant une autre composition de la cour d'appel de Basse-Terre pour être rejugée.

Engagé en tant que directeur administratif et financier par une association gérant un centre d'examen de santé, ce salarié avait été licencié en mars 2011 pour faute lourde. Il venait de dénoncer au procureur les agissements du président et d'un membre du conseil d'administration susceptibles de constituer une escroquerie ou un détournement de fonds.

Après les condamnations dans l'affaire LuxLeaks

Cet arrêt de la Cour de cassation intervient au lendemain de la condamnation par la justice luxembourgeoise de deux anciens employés français d'une firme d'audit dont les fuites avaient été à l'origine de l'affaire LuxLeaks. Après les récents « Panama Papers » qui ont mis au jour des montages complexes de société servant à dissimuler des avoirs, le scandale LuxLeaks avait mis en lumière, en 2014, les accords passés par le Luxembourg avec des multinationales pour les attirer sur son sol, au détriment des finances publiques et alors que des efforts importants étaient réclamés aux citoyens face à la crise.

Si le juge luxembourgeois a reconnu que les révélations des deux Français relevaient bien de « l'intérêt général », il a également constaté qu'il n'existait « aucune protection en droit luxembourgeois », ni au « niveau européen » pour les lanceurs d'alerte, la nouvelle directive instaurant une protection européenne « n'ayant pas encore été adoptée par le Parlement européen ».

Un débat en cours en France

En France, la question du statut des lanceurs d'alerte constitue l'un des points forts de la loi *Sapin II*, largement approuvée le 14 juin par l'Assemblée nationale et qui doit maintenant être débattue au Sénat. À l'unisson de députés saluent ces « éveilleurs de conscience », le ministre des Finances a salué dans l'hémicycle ceux qui « ont pris des risques et en souffrent ».

Selon le projet, le Défenseur des droits interviendra pour les lanceurs d'alerte victimes de discriminations. Le gouvernement s'est engagé, par la voix de M. Sapin, à renforcer ses moyens financiers censés contribuer aux avances de frais de justice. Le texte prévoit également qu'un lanceur d'alerte licencié pourra saisir les prud'hommes pour tenter d'obtenir son maintien dans l'entreprise, ou, s'il ne le souhaite pas, la préservation de son salaire. Idem pour un agent public au tribunal administratif.

39 % des salariés gardent le silence par peur des représailles, selon un sondage pour l'ONG Transparency International France.

- ***Document 16 : Danièle Lochak, « Les lanceurs d'alerte et les droits de l'Homme : réflexions conclusives », Revue des droits de l'homme, octobre 2016 (extraits).***

I – Une notion aux contours encore flous

Il existe, incontestablement, un certain flou autour des notions de lanceur d'alerte et d'alerte éthique. Ce flou ne saurait surprendre, tant l'étiquette, comme on l'a dit, a tendance à être attribuée de façon généreuse, sans s'embarrasser de rigueur conceptuelle. Une solution commode pourrait consister à définir le lanceur d'alerte comme celui à qui la loi reconnaît une protection à ce titre. Mais elle serait évidemment inadaptée et même inopportune – en tout cas prématurée – dans un contexte où l'on cherche, précisément, à élargir le champ des personnes protégées par les textes.

Dans son acception la plus étroite, le « lanceur d'alerte » est celui qui, dans son champ professionnel, constate l'existence d'un danger grave et collectif et qui, après avoir en vain cherché à faire intervenir ceux qui ont compétence pour y parer, entre dans des stratégies de résistance au risque de s'attirer des mesures de rétorsion. L'alerte a lieu dans le contexte d'une relation de travail, d'où le qualificatif parfois retenu d'alerte professionnelle. Mais dans un sens plus large, qui justifie aux yeux de certains d'inclure dans la catégorie des lanceurs d'alerte des personnalités comme Edward Snowden ou Bradley Manning, le terme peut s'appliquer à « toute personne ou groupe qui rompt le silence pour signaler, dévoiler ou dénoncer des faits, passés, actuels ou à venir, de nature à violer un cadre legal ou réglementaire ou entrant en conflit avec le bien commun ou l'intérêt général » ou même, dans une conception encore plus englobante, à « toute personne soucieuse [concerned] qui tire la sonnette d'alarme afin de faire cesser des agissements pouvant représenter un risque pour autrui ».

Si l'on considère non plus la personne qui divulgue mais le contenu de ce qui est divulgué, on peut là encore opposer à une conception étroite, où l'alerte porte sur des faits constitutifs de crimes ou de délits, une conception plus large incluant dans les objets de l'alerte les comportements nuisibles à l'intérêt général, tels les risques sanitaires et environnementaux, ou encore les diverses atteintes potentielles aux droits et libertés.

Cette diversité des situations se répercute sur les modalités de la divulgation qui peuvent aller du simple signalement interne au sein d'une organisation ou d'une entreprise jusqu'à la révélation publique d'informations, généralement par la voie des médias, en passant par la saisine des organes de contrôle et de répression compétents pour punir ou faire cesser les comportements critiqués.

Après avoir élargi au maximum la focale, il faut tenter de la resserrer : il ne suffit pas en effet d'alerter pour être un « lanceur d'alerte ». À défaut de pouvoir énumérer ab initio les critères constitutifs de la notion, on peut, pour mieux en cerner les contours, tenter de la confronter avec des notions voisines.

D'abord, avec la désobéissance civile. Alerter, c'est briser la consigne du silence, rompre la solidarité de corps, faire acte d'insubordination et donc, dans une acception large du terme, désobéir. Il est vrai que le « désobéissant », en refusant de se plier à une règle ou un commandement légal dont il conteste la légitimité, accepte de se mettre délibérément en infraction avec la loi, alors que la plupart des lanceurs d'alerte « labellisés » comme tels, et notamment ceux qui ont mis en garde contre les risques sanitaires ou environnementaux (l'amiante, le sang contaminé, le Médiator...), n'ont enfreint aucune loi ; mieux encore, lorsqu'il dénonce des infractions ou divulgue des pratiques illégales, le lanceur d'alerte souhaite justement que force reste à la loi. Pourtant, il arrive au lanceur d'alerte, à force de ne pas être entendu, de recourir à des moyens illégaux et de passer ainsi du côté des « désobéissants ». C'est le cas de Philippe Pichon qui, pour donner du poids à son alerte sur les dysfonctionnements du STIC, s'est résolu à communiquer à des tiers les informations nominatives figurant dans ce traitement. Si le lanceur d'alerte ne peut pas être disqualifié comme tel pour la seule raison qu'il a violé la loi pour mieux se faire entendre, inversement désobéir à la loi ou aux ordres reçus d'une autorité a priori légitime, en prenant le risque d'être sanctionné, peut être une façon de tirer la sonnette d'alarme. On peut citer l'exemple des « refuzniks », ces soldats israéliens qui refusent en conscience de remplir leurs obligations militaires, s'exposent à des peines de prison que beaucoup vont effectivement purger : ce sont des désobéissants qui agissent par conviction morale, mais entendent aussi, par cet acte transgressif, donner plus de poids à leur dénonciation du comportement de l'armée israélienne dans les territoires palestiniens. De même, les faucheurs d'OGM considèrent leur action comme un acte de désobéissance civile : n'ayant pas obtenu satisfaction par d'autres voies, ils se mettent dans l'illégalité pour dénoncer des pratiques qu'ils jugent dangereuses pour la santé et l'environnement – une dénonciation qui s'inscrit très exactement dans le champ de l'alerte éthique.

Ce qui rapproche encore les désobéissants et les lanceurs d'alerte, c'est le risque qu'ils courent d'être sanctionnés : les premiers parce qu'ils enfreignent une règle de droit ; les seconds parce qu'ils s'exposent à des représailles. Ce qui les différencie, toutefois, c'est que les seconds revendiquent une protection contre ces représailles, alors que les premiers intègrent dans leur stratégie la perspective d'une sanction, même si leur objectif à long terme est d'obtenir un changement de la législation ou de la politique qu'ils dénoncent.

Dans le prolongement de cette distinction, on s'est demandé s'il convenait de distinguer le « fuiteur d'information » (*leaker*) du lanceur d'alerte (*whistleblower*) et, si oui, sur la base de quel critère. S'intéressant notamment aux cas d'Edgar Snowden et de Bradley Manning, qu'une opinion majoritaire, outre-Atlantique, considère comme des « *leakers* », plutôt que comme des « *whistleblowers* », parce qu'ils ont délibérément violé les lois qui protègent les secrets, Jean-Philippe Foegle conteste, pour sa part, la pertinence du critère de la désobéissance aux lois pour fonder la distinction entre ces deux catégories et refuser toute protection à la première. Le fait que l'alerte soit formellement illégale ne préjuge pas, en effet, de sa légitimité au regard d'autres principes, y compris de valeur constitutionnelle. Il est plus juste, selon lui, de distinguer parmi les leakers, sur la base des motivations qui les animent, les « activistes de la transparence », d'un côté, les « défenseurs de l'intérêt public », de l'autre. L'objectif des premiers est d'imposer une transparence gouvernementale parfaite en rendant publiques des informations classifiées, alors que, pour les seconds, la violation d'un secret n'est pas un but en soi mais un moyen d'attirer l'attention sur l'existence d'un risque ou d'une illégalité pour qu'il y soit mis fin. Ce qui veut dire que les deux catégories se recoupent et qu'il y a, parmi les « fuiteurs », des lanceurs d'alerte.

Un autre élément paraît caractériser le lanceur d'alerte et qui justifie le qualificatif d'alerte « éthique » : c'est le fait que, tiraillé entre ce que lui dicte sa conscience, le souci qu'il a de la justice ou de la démocratie, d'un côté, l'obligation de respecter les lois, les règles de l'institution ou les ordres reçus, de l'autre, il décide de faire prévaloir les premières sur la seconde. L'alerte éthique suppose de faire un choix entre plusieurs loyautés en conflit.

On a posé la question de savoir si des associations, lorsqu'elles dévoilent et dénoncent des pratiques illégales ou attentatoires aux droits fondamentaux, pouvaient être considérées comme des lanceurs d'alerte. Le cas des associations de défense des étrangers a servi ici d'exemple car, compte tenu de ce que sont les pratiques administratives et policières dans ce domaine, ces associations sont, plus encore que d'autres, conduites à alerter sur les comportements gravement attentatoires aux droits des migrants, comme le refus illégal de prestations, l'enfermement de mineurs, le renvoi d'étrangers malades ou les contrôles d'identité discriminatoires. Pour autant, il ne semble pas que les associations, ou même leurs militants, puissent entrer dans la catégorie des « lanceurs d'alerte ». Elles sont en effet dans leur rôle lorsqu'elles pratiquent ces formes de dénonciation, ce qui veut dire deux choses : d'une part, qu'elles restent dans le cadre de leur mission en lançant des alertes, alors que le lanceur d'alerte, avant de franchir le pas, n'avait pas spécialement vocation à le devenir, c'est l'occasion qui l'a transformé en lanceur d'alerte ; d'autre part, qu'elles ne sont pas enfermées dans un conflit de devoirs – si toutefois on retient cette caractéristique assez commune aux lanceurs d'alerte labellisés comme telle comme un véritable « critère » de la catégorie – et ne courent pas le risque d'être sanctionnées. Quant aux militants qui témoignent en actes de leur solidarité avec les migrants sans-papiers, en prenant le risque d'être poursuivis pour aide au séjour irrégulier – le fameux « délit de solidarité » –, ils nous semblent appartenir plutôt à la catégorie des désobéissants que des lanceurs d'alerte au sens strict, même si leur désobéissance est une façon d'alerter tant sur l'injustice de la loi qui punit la solidarité que sur le sort fait aux migrants.

Pour des raisons assez proches, on est logiquement conduit à soustraire les journalistes de la catégorie des « lanceurs d'alerte », même s'il arrive qu'on labellise comme tels des journalistes d'investigation qui sont à l'origine de la révélation de certains scandales – on pense notamment à Anne-Marie Casteret qui a mis en lumière l'affaire du sang contaminé. Mais si le ou la journaliste peut être amené à divulguer des informations qui lui ont été communiquées par un tiers – lequel peut avoir, le cas échéant, la qualité de lanceur d'alerte – il n'est pas lui-même, stricto sensu, un lanceur d'alerte, puisque la diffusion de l'information fait partie de son métier.

On s'est même demandé, de façon apparemment paradoxale, si certaines autorités publiques pouvaient être considérées comme des lanceurs d'alerte. S'il est vrai que des autorités administratives indépendantes jouent un rôle proche de celui des lanceurs d'alerte, par exemple, lorsqu'on leur assigne pour mission de traquer différentes formes de conflits d'intérêts ou des manquements à la déontologie, il est évidemment difficile de les assimiler à des lanceurs d'alerte, puisqu'elles ne répondent guère aux critères, même flous, même interprétés de façon extensive, qui déterminent l'appartenance à cette catégorie. En revanche, cette confrontation « improbable » permet de mettre en lumière la propension des pouvoirs publics à encadrer le mécanisme de l'alerte, à l'enfermer dans un cadre institutionnel, à le soustraire à la société civile pour le réintégrer dans le giron de l'administration. Ce n'est pas l'effet d'un hasard si plusieurs AAI ont été créées dans la foulée de « scandales » : le scandale du projet de fichage à grande échelle – Safari – pour la CNIL, le scandale du Médiator pour l'Agence nationale de sécurité du médicament.

- ***Document 17 : Arrêt de la Cour européenne des droits de l'Homme (CEDH) du 12 février 2008, Affaire Guja cl Moldova (extraits).***

PROCÉDURE

1. À l'origine de l'affaire se trouve une requête (n° 14277/04) dirigée contre la République de Moldova et dont un ressortissant de cet État, M. lacob Guja (« le requérant »), a saisi la Cour le 30 mars 2004 en vertu de l'article 34 de la Convention de sauvegarde des Droits de l'Homme et des Libertés fondamentales (« la Convention »).

2. Le requérant a été représenté par Mes V. Gribincea et V. Zamä, avocats à Chisinäu et membres de l'organisation non gouvernementale Lawyers for Human Rights. Le gouvernement moldave (« le Gouvernement ») a été représenté par ses agents, MM. V. Pârlog et V. Grosu.

3. M. Guja se plaignait dans sa requête d'avoir été révoqué du parquet général pour avoir divulgué deux documents qui, selon lui, révélaient l'ingérence d'une personnalité politique de haut rang dans une procédure pénale pendante. Il dénonçait une violation de son droit à la liberté d'expression garanti par l'article 10 de la Convention, en particulier de son droit de communiquer des informations.

EN FAIT

(...)

5. La procédure en réintégration engagée parle requérant

22. Le 21 mars 2003, le requérant intenta au civil contre le parquet général une action en réintégration. Il soutenait notamment que les lettres qu'il avait communiquées au journal n'étaient pas des documents secrets au regard de la loi, qu'il n'était pas tenu de consulter les responsables des autres services avant de prendre contact avec la presse, qu'il avait remis les lettres au journal à la demande de celui-ci et que sa révocation emportait violation de son droit à la liberté d'expression.

23. Le 16 septembre 2003, la cour d'appel de Chisinâu le débouta de son action. Elle déclara notamment qu'il avait manqué aux exigences de l'article 1.4 du règlement intérieur du service de presse en ne consultant pas les responsables des autres services et à celles de l'article 4.11 du même texte en divulguant des documents secrets.

24. Le requérant interjeta appel de la décision. Reprenant les arguments qu'il avait avancés en première instance, il soutint qu'en divulguant les lettres au journal il n'avait en rien porté préjudice à son employeur.

25. Le 26 novembre 2003, la Cour suprême de justice le débouta pour les mêmes motifs que la cour d'appel de Chisinău. Concernant l'argument relatif à la liberté d'expression, elle déclara que l'obtention d'informations au moyen d'un abus de fonctions ne relevait pas de la liberté d'expression (*dreptul la exprimare nu presupune dobândirea informajiei abuziv, folosind atribuflile de serviciu*).

26. D'après les éléments du dossier, ni le parquet général ni le vice-président du Parlement, M. Misin, ne contestèrent l'authenticité des lettres publiées dans le *Jurnal de Chisinău* et la véracité des renseignements figurant dans l'article du 31 janvier 2003 et ils ne prirent aucune autre mesure dans le cadre de cette affaire.

EN DROIT

38. Le requérant allègue que sa révocation consécutive à la divulgation par lui des lettres litigieuses au *Jurnal de Chisinău* emporte violation de son droit à la liberté d'expression et, en particulier, de son droit de communiquer des informations et des idées à des tiers. L'article 10 de la Convention se lit ainsi :

« 1. Toute personne a droit à la liberté d'expression. Ce droit comprend la liberté d'opinion et la liberté de recevoir ou de communiquer des informations ou des idées sans qu'il puisse y avoir ingérence d'autorités publiques et sans considération de frontière. Le présent article n'empêche pas les États de soumettre les entreprises de radiodiffusion, de cinéma ou de télévision à un régime d'autorisations.

2. L'exercice de ces libertés comportant des devoirs et des responsabilités peut être soumis à certaines formalités, conditions, restrictions ou sanctions prévues par la loi, qui constituent des mesures nécessaires, dans une société démocratique, à la sécurité nationale, à l'intégrité territoriale ou à la sûreté publique, à la défense de l'ordre et à la prévention du crime, à la protection de la santé ou de la morale, à la protection de la réputation ou des droits d'autrui, pour empêcher la divulgation d'informations confidentielles ou pour garantir l'autorité et l'impartialité du pouvoir judiciaire. »

I. SUR LE FOND DE LA REQUÊTE

(...)

69. La principale question à trancher est celle de savoir si l'ingérence était « nécessaire dans une société démocratique ». Les principes fondamentaux concernant cette question sont bien établis dans la jurisprudence de la Cour et ont été résumés comme suit (*voir, parmi d'autres, Jersild c. Danemark, arrêt précité, p. 23, § 31, Hefiel c. Suisse, arrêt du 25 août 1998, Recueil 1998-VI, pp. 2329-2330, § 46, et Steel et Morris c. Royaume-Uni, n° 68416/01, § 87, CEDH 2005-II*) :

« I. La liberté d'expression constitue l'un des fondements essentiels d'une société démocratique, l'une des conditions primordiales de son progrès et de l'épanouissement de chacun. Sous réserve du paragraphe 2 de l'article 10, elle vaut non seulement pour les « informations » ou « idées » accueillies avec faveur ou considérées comme inoffensives ou indifférentes, mais aussi pour celles qui heurtent, choquent ou inquiétant : ainsi le veulent le pluralisme, la tolérance et l'esprit d'ouverture sans lesquels il n'est pas de « société démocratique ». Telle que la consacre l'article 10, elle est assortie d'exceptions qui appelant toutefois une interprétation étroite, et le besoin de la restreindre doit se trouver établi de manière convaincante (...)

II. L'adjectif « nécessaire », au sens de l'article 10 § 2, implique un « besoin social impérieux ». Les États contractants jouissent d'une certaine marge d'appréciation pour juger de l'existence d'un tel besoin, mais elle se double d'un contrôle européen portant à la fois sur la loi et sur les décisions qui l'appliquent, même quand elles émanent d'une juridiction indépendante. La Cour a donc compétence pour statuer en dernier lieu sur le point de savoir si une « restriction » se concilie avec la liberté d'expression que protège l'article 10.

III. La Cour n'a point pour tâche, lorsqu'elle exerce son contrôle, de se substituer aux juridictions internes compétentes, mais de vérifier sous l'angle de l'article 10 les décisions qu'elles ont rendues en vertu de leur pouvoir d'appréciation. Il ne s'ensuit pas qu'elle doive se borner à rechercher si l'État défendeur a usé de ce pouvoir de bonne foi, avec soin et de façon raisonnable : il lui faut considérer l'ingérence litigieuse à la lumière de l'ensemble de l'affaire pour déterminer si elle était « proportionnée au but légitime poursuivi » et si les motifs invoqués par les autorités nationales pour la justifier apparaissent « pertinents et suffisants » (...) Ce faisant, la Cour doit se convaincre que les autorités nationales ont appliqué des règles conformes aux principes consacrés à l'article 10 et ce, de surcroît, en se fondant sur une appréciation acceptable des faits pertinents (...) »

77. La motivation du salarié qui procède à la divulgation est un autre facteur déterminant pour l'appréciation du point de savoir si la démarche doit ou non bénéficier d'une protection. Par exemple, un acte motivé par un grief ou une animosité personnels ou encore par la perspective d'un avantage personnel, notamment un gain pécuniaire, ne justifie pas un niveau de protection particulièrement élevé (*Haseldine*, décision précitée). Il importe donc d'établir si la personne concernée, en procédant à la divulgation, a agi de bonne foi et avec la conviction que l'information était authentique, si la divulgation servait l'intérêt général et si l'auteur disposait ou non de moyens plus discrets pour dénoncer les agissements en question.

(...)

93. Eu égard aux éléments en sa possession, la Cour n'aperçoit aucune raison de penser que le requérant était motivé par le désir de tirer un avantage personnel de son acte, qu'il nourrissait un grief personnel à l'égard de son employeur ou de M. Misin, ou qu'il était mû par une quelconque autre intention cachée. Elle ne juge pas déterminant le fait que le requérant n'ait pas présenté devant les juridictions internes ses arguments relatifs à la lutte contre la corruption et le trafic d'influence. Elle estime que l'intéressé peut fort bien, en effet, s'être attaché à contester les motifs invoqués par son employeur à l'appui de sa révocation et avoir jugé inutile de soulever des points que son employeur ne contestait pas.

94. Dès lors, la Cour conclut que le requérant était bien animé des intentions indiquées par lui et qu'il a agi de bonne foi.

(...)

97. Consciente de l'importance du droit à la liberté d'expression sur des questions d'intérêt général, du droit des fonctionnaires et des autres salariés de signaler les conduites ou actes illicites constatés par eux sur leur lieu de travail, des devoirs et responsabilités des salariés envers leurs employeurs et du droit de ceux-ci de gérer leur personnel, la Cour, après avoir pesé les divers autres intérêts ici en jeu, conclut que l'atteinte portée au droit à la liberté d'expression du requérant, en particulier à son droit de communiquer des informations, n'était pas « nécessaire dans une société démocratique ».

Partant, il y a eu violation de l'article 10 de la Convention.

PAR CES MOTIFS, LA COUR, À L'UNANIMITÉ,

1. *Déclare* la requête recevable ;

2. *Dit* qu'il y a eu violation de l'article 10 de la Convention ;

- **Document 18 : Éric Alt, « De nouvelles protections pour les lanceurs d'alerte – à propos de la loi n° 2016-1691 du 9 décembre 2016 », JCP G, 23 janvier 2017, doctr., p. 90 et 5. (extraits).**

1. Malgré de nombreuses interventions législatives, les dispositions protectrices des lanceurs d'alerte demeuraient disparates. Leur protection ressemblait à des volutes de fumée. Une législation foisonnante manquait d'effectivité. Certes, la Cour européenne des droits de l'homme protège les lanceurs d'alerte dans l'exercice de leur liberté d'expression et une jurisprudence bienveillante s'est construite en leur faveur. Mais avant d'être rétablis dans leurs droits, ils devaient franchir un parcours d'obstacles. Aucun n'en sortait indemne.

2. Peu à peu, l'opinion comprend que de nombreux scandales, comme celui du Mediator ou ceux des Swissleaks, Luxleaks et Panama Papers, ont en commun d'avoir été révélés par des lanceurs d'alerte. Des compétences diverses se mobilisent notamment à l'université. Syndicats, associations, ONG demandant une meilleure protection des lanceurs d'alerte, lancent des pétitions. Au terme de cette campagne de plaidoyer, une proposition de loi relative à la protection globale des lanceurs d'alerte est déposée le 29 mars 2016.

3. Pourtant, dans sa version initiale, la loi *Sapin 2* ne comprenait qu'un article autorisant la future agence de prévention de la corruption à financer la protection juridique des lanceurs d'alerte et des dispositions permettant le signalement de faits à l'Autorité des marchés financiers.

4. Après la publication du rapport du Conseil d'État, il devenait plus difficile encore de différer une intervention législative. En effet, le rapport constatait un cadre juridique inadapté et appelait à diffuser une culture de l'alerte par la mise en place de procédures efficaces ? C'est donc par la voie d'un amendement que le statut des lanceurs d'alerte a été introduit dans la loi « *Sapin 2* ».

1. Une articulation précise entre droit d'alerte et secrets protégés

5. La loi prévoit une définition extensive de l'alerte. Mais il ne peut y avoir de protection efficace sans délier le lanceur d'alerte de secrets protégés. Certes, la loi prévoit toujours des catégories où le secret demeure absolu. Mais dans les autres domaines, la divulgation d'informations n'engage plus la responsabilité pénale du lanceur d'alerte, pourvu qu'elle respecte certaines conditions.

A. Une définition globale du lanceur d'alerte

6. Une définition globale, très discutée, se substitue aux définitions sectorielles : « un lanceur d'alerte est une personne physique qui révèle au signal, de manière désintéressée et de bonne foi, un crime ou un délit, une violation grave et manifeste d'un engagement international régulièrement ratifié ou approuvé par la France, d'un acte unilatéral d'une organisation internationale pris sur le fondement d'un tel engagement, de la loi ou du règlement, ou une menace ou un préjudice graves pour l'intérêt général, dont elle a eu personnellement connaissance ».

7. Signalement ou révélation.-L'annexe à la recommandation CM/Rec(2014)7 du 30 avril 2014 du Conseil de l'Europe précise que le signalement est une divulgation qui intervient soit en interne au sein d'une organisation ou d'une entreprise, soit auprès d'une autorité extérieure. La révélation d'informations désigne toute divulgation publique, notamment à la presse.

8. Des personnes physiques.-La loi n° 2013-316 relative à l'indépendance de l'expertise en matière de santé et d'environnement et à la protection des lanceurs d'alerte ouvrait l'alerte aux personnes morales. Ces dispositions sont supprimées. La loi *Sapin 2* n'interdit pas aux syndicats ou aux associations l'accès aux dispositifs permettant de recueillir des alertes. Ils pourront toujours continuer à jouer un rôle de filtre. Mais ils n'accéderont pas au dispositif de protection prévu par la loi. Cette situation leur procure quand même un petit avantage : ils ne seront pas contraints par l'obligation de respecter la procédure d'alerte graduée prévue parla loi.

Enfin, si le lanceur d'alerte est une personne physique, il ne peut donc être anonyme. Pourtant la loi n'interdit pas l'application en France de lois étrangères qui permettent une alerte anonyme, comme elle ne remet pas en cause l'admission par la CNIL de tells dispositifs.

9. Désintéressement.-Les débats parlementaires ont précisé qu'il s'agissait évidemment de désintéressement financier. Cette exigence reflète la jurisprudence de la Cour européenne des droits de l'homme pour laquelle un acte motivé par un grief, une animosité personnelle ou encore par la perspective d'un avantage personnel ne justifie pas un niveau de protection élevé.

Pourtant, alors que la loi *Sapin 2* n'était pas encore promulguée, le législateur introduisait dans le projet de loi de finances pour 2017 une disposition prévoyant qu'à titre expérimental et pour une durée de deux ans, le Gouvernement peut autoriser l'administration fiscale à indemniser toute personne étrangère aux administrations publiques, dès lors qu'elle lui a fourni des renseignements ayant amené à la découverte d'un manquement à des articles limitativement énumérés du Code général des impôts. L'exposé des motifs de l'amendement précise que la charge représentée par la rémunération ou l'indemnisation de l'aviseur n'est engagée que lorsque le Trésor a recouvré les droits résultant des renseignements acquis. L'estimation du montant pour 2017 est de 2,7 millions d'euros. L'exemple du Land allemand de la Rhénanie du Nord Westphalie est avancé : les autorités ont acheté des informations relatives à des pratiques bancaires indélicates pour un coût de 18 millions d'euros, pour un retour de plus de 6 milliards d'euros.

Aux États-Unis, la loi Dodd-Frank du 21 juillet 2010 permet de récompenser une personne fournissant une information à l'origine d'une sanction pécuniaire d'au moins un million de dollars. La Securities and exchange commission a ainsi reçu, depuis 2010, 14 000 signalements et alloué 107 millions de dollars à 33 lanceurs d'alerte. En 2014, une personne a perçu 30 millions de dollars. Mais ce système est propre aux États-Unis, si l'on excepte la Corée du Sud et la Russie.

Cependant, la cohérence n'est pas évidente entre une législation qui impose le désintéressement au lanceur d'alerte et une autre qui autorise la rémunération d'une personne qualifiée « d'aviseur » mais qui va divulguer une information dans des conditions comparables au lanceur d'alerte.

10. Bonne foi.-Dans son arrêt *Guja contre Moldavie*, la Cour européenne des droits de l'homme rappelle que la notion de bonne foi s'applique aux lanceurs d'alerte dans la

Convention des Nations unies contre la corruption, dans la Convention pénale du Conseil de l'Europe du 27 janvier 1999, dans la Convention civile du Conseil de l'Europe du 4 novembre 1999 et dans la recommandation n°(2000)10 du Comité des ministres sur les codes de conduite des agents publics. En l'espèce, la Cour juge qu'elle « n'aperçoit aucune raison de penser que le requérant était motivé par le désir de tirer un avantage personnel de son acte, qu'il nourrissait un grief personnel à l'égard de son employeur ou [d'un tiers], ou qu'il était mû par une quelconque autre intention cachée ». C'est un critère important pour justifier la protection du requérant.

Cependant, la notion de bonne foi conditionne la légitimité de l'alerte à un élément subjectif, et non au seul intérêt objectif pour la société de la divulgation d'une information. C'est la raison pour laquelle le Royaume-Uni a supprimé cette notion de sa législation sur les lanceurs d'alerte (Public Interest Disclosure Act) en 2013. L'objectif était de leur permettre de bénéficier d'une protection, dès lors qu'ils peuvent raisonnablement croire qu'ils se trouvent face à une situation contraire à l'intérêt général.

(...)

3. Une volonté de prévenir sanctions et représailles

22. Sur le plan civil, la loi reprend les plus protecteurs des dispositifs existants. Sur le plan pénal, elle crée une nouvelle incrimination sanctionnant l'auteur de représailles contre un lanceur d'alerte (A). Surtout, elle confie au Défenseur des droits la responsabilité de protéger les lanceurs d'alerte (B).

A. Alignement sur les dispositions les plus protectrices et sanction des représailles

23. Protection en matière civile.-Des dispositions protectrices figuraient déjà, sous des formes comparables mais non identiques, dans divers codes. La loi *Sapin 2* procède à un alignement par le haut. Aucune personne ne peut être discriminée pour avoir lancé une alerte. En cas de litige, la charge de la preuve est inversée : l'auteur de mesures défavorables au lanceur d'alerte doit prouver que celles-ci sont justifiées par des éléments étrangers à l'alerte. Enfin, les décisions défavorables seront nulles de plein droit. Ceci est particulièrement important en cas de licenciement qui, dans ce cas, est réputé n'avoir jamais été prononcé. Le contrat de travail se poursuit donc et le salarié peut demander sa réintégration. À défaut, il peut choisir de faire valoir son droit à une indemnité de rupture à laquelle s'ajoute une indemnité réparant l'intégralité du préjudice résultant du caractère illicite du licenciement d'un montant au moins égal à six mois de salaire.

Ces dispositions se trouvent partiellement reproduites dans la loi n° 83-634 du 13 juillet 1983 portant droit et obligations des fonctionnaires, ainsi que dans le Code de la défense nationale.

Pour plus de sécurité, le législateur a même créé un nouvel article L. 911-1-1 du Code de justice administrative pour compléter le pouvoir d'injonction du juge administratif en lui conférant le pouvoir de réintégrer tout lanceur d'alerte, y compris s'il est lié par un contrat à durée déterminée avec une personne publique.

Enfin, le législateur a toutefois choisi de renvoyer explicitement aux dispositions du Code du travail relatives au référé qui permettent d'atteindre le même objectif.

B. Une nouvelle responsabilité pour le Défenseur des droits

25. Mais la protection contre les sanctions et la pénalisation des représailles ne pouvaient suffire. Une protection active était nécessaire pour défendre les lanceurs d'alerte.

Le choix du Défenseur des droits comme autorité en charge de la protection des lanceurs d'alerte n'allait pas de soi. Certains plaidaient pour une haute autorité administrative indépendante en charge de l'alerte. Le modèle était notamment celui du Canada, où un commissaire à l'intégrité est chargé de la protection des « fonctionnaires divulgateurs d'actes répréhensibles ». C'est aussi le choix qui avait été retenu dans la proposition de loi déposée par le député Yann Galut. Cette proposition séduisante imposait cependant de créer, ex nihilo, une nouvelle autorité administrative indépendante, qui devait mobiliser du personnel et des moyens pour une charge difficile à évaluer.

Un autre choix aurait pu être de sectoriser les autorités compétentes. Mais cela aurait brouillé le message d'une législation globale et simplificatrice pour la protection des lanceurs d'alerte.

Dans son rapport, le Conseil d'État recommandait de mettre en place, en amont et en aval de l'alerte, une procédure pour que le juge ne soit plus le seul garant de l'efficacité de la protection des lanceurs d'alerte. C'est dans cette perspective qu'il proposait d'étendre les compétences du Défenseur des droits. Cette solution a été retenue par le législateur. Les compétences du Défenseur des droits relevant de la loi organique, un texte a été déposé à cette fin le 18 mai 2016.

Cette initiative conférait au Défenseur des droits une responsabilité inédite. Celui-ci peut accorder une aide financière à un lanceur d'alerte « qui engage une action en justice en vue de faire reconnaître une mesure défavorable à son encontre au seul motif d'un signalement ». Il peut aussi « orienter vers les autorités compétentes toute personne signalant une alerte dans les conditions fixées parla loi, de veiller aux droits et libertés de cette personne ».

Toutefois, le législateur n'a pas donné au Défenseur des droits les pouvoirs qu'il a retirés à la Commission nationale de déontologie des alertes en matière de santé et d'environnement. En effet, cette commission avait le pouvoir de transmettre l'alerte aux ministres compétents, et ceux-ci devaient informer la commission de la suite donnée. La personne à l'origine de l'alerte devait être informée des décisions prises. Cet article est supprimé, et ne trouve pas d'équivalent dans la nouvelle loi. Cela n'interdit sans doute pas au Défenseur des droits de prendre l'initiative d'informer les autorités compétentes. En résumé, si la loi *Sapin 2* protège mieux le lanceur d'alerte, elle ne protège pas l'alerte. C'est un point faible, notamment en matière de santé et d'environnement.

26. Et le Conseil constitutionnel a encore minoré les pouvoirs du Défenseur des droits. En effet, la version adoptée prévoyait la possibilité pour celui-ci « d'assurer, en tant que de besoin, un secours financier aux lanceurs d'alerte ». Il s'agissait d'une faculté limitée aux lanceurs d'alerte qui connaîtraient, du fait de leur action, « des conditions financières présentant un caractère de gravité et compromettant les conditions d'existence ». Or, cette disposition a été censurée au motif que « la mission confiée par les dispositions constitutionnelles précitées au Défenseur des droits de veiller au respect des droits et libertés ne comporte pas celle d'apporter lui-même une aide financière, qui pourrait s'avérer nécessaire, aux personnes qui peuvent le saisir » Cette interprétation est sans doute contestable : le Défenseur des droits sera le gardien des principes, mais il sera partiellement privé des moyens d'en assurer l'effectivité.

27. Enfin, la loi organique prévoit que le Défenseur des droits préside le collège qui l'assiste pour la lutte contre les discriminations, la promotion de l'égalité et l'orientation et la protection des lanceurs d'alerte. Le choix a donc été fait de ne pas créer de collège

spécifique, mais d'ajouter une compétence au collège déjà en charge des discriminations. Ce collège comprend des personnalités qualifiées, dont trois sont désignées par le président du Sénat, trois par le président de l'Assemblée nationale, une par le vice-président du Conseil d'État et une par le Premier président de la Cour de cassation.

28. Après l'adoption de la loi *Sapin 2*, la France rejoint le Royaume-Uni et l'Irlande parmi les pays européens qui ont une législation avancée pour la protection des lanceurs d'alerte. Ce n'est toutefois qu'un socle de protection minimale, sur lequel la société civile devra développer une culture de l'alerte éthique. Ainsi, au Royaume-Uni, le lanceur d'alerte peut trouver un soutien dans une fondation (Public Concern at Work), qui a pris en charge 17 000 alertes depuis sa création en 1993 dont les trois quarts avaient été lancés en interne sans succès. De même, aux États-Unis, l'ONG Government Accountability Project, au Canada la Federal Accountability Initiative for Reform, et en Allemagne le Whisleblower-Netzwerk, développent une action de plaidoyer et de protection des lanceurs d'alerte.

Il faut aussi que les citoyens s'approprient la loi. L'enjeu est de taille : selon une enquête réalisée en 2015, 36 % des salariés déclaraient qu'ils avaient été confrontés à des pratiques frauduleuses. Le même nombre déclarait avoir peur des conséquences ou des représailles en cas de révélation des faits et 85 % ne connaissaient pas la législation en matière de lanceurs d'alerte.

Par ailleurs, cette avancée législative ne solde pas la situation des lanceurs d'alerte qui, antérieurement à la loi, ont subi un préjudice du fait de la divulgation d'informations dont la collectivité a pu bénéficier. La regrettable inertie du gouvernement, refusant son soutien à quelques personnalités emblématiques, n'est pas remise en cause.

La loi ne traite pas non plus le cas des lanceurs d'alerte étrangers, notamment pour le cas où la France serait bénéficiaire des informations divulguées. Dans certaines hypothèses, ils pourraient relever de l'article 4 du préambule de la Constitution de 1946, qui prévoit que « tout homme persécuté en raison de son action en faveur de la liberté a droit d'asile sur les territoires de la République ». Le nouveau texte ne rendra pas plus effectif ce principe constitutionnel pour des lanceurs d'alerte comme Edward Snowden ou Julian Assange.

Enfin, le problème de l'absence de disposition européenne en matière d'alerte reste entier. Le sujet a été particulièrement mis en évidence au moment de l'adoption de la directive sur le secret des affaires, qui ne prévoit qu'une dérogation au secret pour révéler une faute, un comportement inapproprié ou une activité illégale, à condition que le défendeur ait agi dans le but de protéger l'intérêt public général ». Il l'a été d'autant plus que cette adoption précédait de peu le procès d'Antoine Deltour au Luxembourg : ce pays a bien une législation de protection des alertes, mais limitée à la corruption et au trafic d'influence, ce qui en excluait l'intéressé.

Dans un texte voté le 6 juillet 2016, le Parlement européen invite la Commission à proposer un cadre juridique clair pour garantir la protection efficace des lanceurs d'alerte. La recommandation (2014) ? du Comité des ministres du Conseil de l'Europe pourrait servir de base pour l'élaboration d'une directive. La position de la Commission, qui refusait de s'engager, pourrait évoluer. Cette position était en effet d'autant plus paradoxale que cette même Commission invite les États candidats à l'adhésion, comme la Serbie, à adopter une législation protectrice des lanceurs d'alerte.

Section 2

Corrigé

Les lanceurs d'alerte sont des personnes physiques qui signalent ou révèlent des actes illégaux (doc. 8).

Agissant de bonne foi et de manière désintéressée, le lanceur d'alerte est protégé par un statut qui implique ni perte (**A**) ni gain d'argent (**B**).

I. La perte d'argent des lanceurs d'alerte

La qualité de lanceur d'alerte (**A**) implique une protection imposant le maintien de sa rémunération (**B**).

A. La qualité de lanceur d'alerte

La qualité de lanceur d'alerte dépend en grande partie de la motivation qui a conduit à la révélation du fait illégal (doc. 17). La Cour européenne des droits de l'homme a pu dire que le salarié auteur d'une révélation ne pouvait prétendre à une protection particulièrement élevée du statut qu'à la condition de ne pas attendre un avantage personnel de la divulgation (doc. 17 et 18). La qualité de lanceur d'alerte et le statut protecteur qui l'accompagne (doc. 2) ne peuvent être reconnus à celui qui dénonce un fait par la voie d'un acte illégal (doc. 16 et 17), ni à celui qui est rémunéré de façon habituelle pour apporter des informations utiles à certaines administrations (doc. 8).

Pour bénéficier du statut protecteur, le lanceur d'alerte doit être détaché de toute motivation financière, il doit être désintéressé (doc. 1 et 18). Motivé par sa seule conscience et le respect des lois, son alerte doit être éthique (doc. 16). Le lanceur d'alerte est avant tout un professionnel qui, dans le cadre de son activité, constate et dénonce, en priorité à ses supérieurs, l'existence d'une situation contraire à l'intérêt général (doc. 16).

B. Le maintien de la rémunération

Le lanceur d'alerte n'est pas à l'abri de représailles (doc. 16). Pour l'en protéger, le statut de lanceur d'alerte posé par la loi *Sapin II* fait du maintien du contrat de travail, et par conséquent de la rémunération, un élément essentiel de la protection (doc. 1 et 2). Le législateur vient ainsi confirmer une décision rendue par la Cour de cassation annulant le licenciement d'un salarié qui avait dénoncé le détournement de fonds publics par des membres de direction d'une association, décision fondée sur la liberté d'expression (doc. 13, 14 et 15).

Le lanceur d'alerte, qu'il soit salarié ou fonctionnaire, ne peut être ni licencié, ni faire l'objet d'aucune mesure discriminatoire, directe ou indirecte, en matière de rémunération (doc. 1). Le lanceur d'alerte est protégé contre toute mise à l'écart, sanction, discrimination par le jeu d'un renversement de la charge de la preuve (doc. 2). L'employeur aura ainsi à justifier des mesures discriminatoires par un élément extérieur à la dénonciation du salarié (doc. 1), sous le contrôle du conseil de prud'hommes (doc. 1, 2 et 18).

II. Le gain d'argent des lanceurs d'alerte

Le lanceur d'alerte, devant agir de manière désintéressée, ne peut prétendre ni à une récompense financière (**A**), ni même à un soutien financier (**B**).

A. La récompense financière

Dans certains pays, comme la Malaisie ou la Corée, le lanceur d'alerte bénéficie d'une rémunération pour la dénonciation permettant de condamner l'auteur d'actes illégaux (doc. 7). Aux États-Unis, en matière boursière, 111 millions de dollars ont été versés aux lanceurs d'alerte depuis 2011, lesquels ont permis de sanctionner des délits boursiers s'élevant à 584 millions de dollars (doc. 7). En Europe, où il n'existe pas de statut européen protecteur pour les lanceurs d'alerte (doc. 18), certains pays préfèrent dédommager des éventuelles pertes de revenus comme le Royaume-Uni (doc. 9), voire acheter les informations comme l'Allemagne ou le Danemark (doc. 18).

La France, marquée par son histoire (doc. 2), n'a pas fait le choix d'une rémunération des lanceurs d'alerte (doc. 2 et 8). Dans une étude du Conseil d'État de 2016, cette absence de rémunération est justifiée par le risque de suspicion généralisée ou d'une délation organisée de nature à déstabiliser la société (doc. 8). La présence d'une récompense financière serait de nature à favoriser les alertes abusives ou malveillantes (doc. 8). Pour ces raisons, la loi *Sapin II* exclut toute récompense financière pour les lanceurs d'alerte (doc. 1 et 18), ni même de soutien financier (doc. 2).

B. Le soutien financier

Lors des travaux préparatoires de la loi *Sapin II*, l'idée d'accorder un soutien financier aux lanceurs d'alerte a été envisagée (doc. 3 et 9). Certains organismes, comme Transparency International France, hostiles à une rémunération du lanceur d'alerte, étaient en revanche favorables à l'idée d'un soutien financier (doc. 9). Confrontés à la nécessité d'engager des procédures pour faire valoir leurs droits, il a été envisagé dans le projet de loi *Sapin II* d'apporter un soutien au lanceur d'alerte sous forme d'une avance des frais de procédure (doc. 3 et 9). Un secours financier en cas de grave difficulté financière compromettant les conditions d'existence du lanceur d'alerte a également été envisagé (doc. 4). Ces soutiens financiers, déclarés contraires à la Constitution par le Conseil constitutionnel (doc. 5 et 6), n'ont finalement pas été retenus par la loi *Sapin II* (doc. 1 et 18).

Alors que l'idée d'un soutien financier est écartée (doc. 1 et 18), l'efficacité de la lutte contre la fraude fiscale (doc. 10) justifie pourtant, à titre expérimental, l'instauration dans la loi de finances pour 2017 de la possibilité pour l'administration fiscale d'indemniser une personne lorsque le renseignement qu'elle fournit permet de lutter contre certains délits de fraude fiscale internationale (doc. 11 et 12). L'informateur ne bénéficie alors toutefois pas de la qualité de lanceur d'alerte (doc. 10)

CHAPITRE 4

Dossier corrigé – La vaccination

Section 1

Dossier

À partir du dossier, les candidats rédigeront une note de synthèse sur le sujet suivant : « La vaccination ».

Document 1 : Code de la santé publique, articles L. 3111-1 à L. 3111-11.

Document 2 : Préambule de la Constitution du 27 octobre 1946, article 11.

Document 3 : Cass. 1re civ., 9 juillet 2009.

Document 4 : Haut Conseil à la Santé Publique, « Infections à rotavirus : suspension des recommandations de vaccination des nourrissons », avis du 21 avril 2014.

Document 5 : Jean-Sébastien Borghetti, « Contentieux du vaccin contre l'hépatite B : en route vers Luxembourg ! », D., novembre 2015.

Document 6 : Damien Mascret, « Politique vaccinale : convaincre plutôt que contraindre », Le Figaro, octobre 2015.

Document 7 : Conseil constitutionnel, décision n° 2015-458, QPC rendue le 20 mars 2015.

Document 8 : « Régime de la preuve en matière de responsabilité du fait des produits défectueux », JCP E, novembre 2015.

Document 9 : Anne Prigent, « La vaccination en 13 questions », Le Figaro, janvier 2016.

Document 10 : Christophe Quezel-Ambrunaz, « Vaccination contre l'hépatite B et la responsabilité du médecin », JCP G, février 2014.

Document 11 : « Refus de vaccination : un couple condamné à 2 mois de prison avec sursis », Le Monde, janvier 2016.

Document 12 : Cass. 1re civ., 10 juillet 2013.

Document 13 : Guy Vallancien, « Zika ou le double langage sur la vaccination », Les Échos, 10 février 2016.

Document 14 : Christophe Radé, « Le défaut du produit », Responsabilité civile et assurances, janv. 2016.

Document 15 : François Beguin et Chloé Hecketsweiler, « Nouveaux vaccins obligatoires : ni sanctions, ni exemptions », Le Monde, sept. 2017.

- ***Document 1 : Code de la santé publique, articles L. 3111-1 à L. 3111-11.***

Article L. 3111-1

« La politique de vaccination est élaborée par le ministre chargé de la santé qui fixe les conditions d'immunisation, énonce les recommandations nécessaires et rend public le calendrier des vaccinations après avis de la Haute Autorité de santé.

Un décret peut, compte tenu de l'évolution de la situation épidémiologique et des connaissances médicales et scientifiques, suspendre, pour tout ou partie de la population, les obligations prévues aux articles L. 3111-2 à L. 3111-4 et L. 3112-1.

Dans le cadre de leurs missions, les médecins du travail, les médecins des infirmeries des établissements publics locaux d'enseignement et des services de médecine préventive et de promotion de la santé dans les établissements d'enseignement supérieur, les médecins des services de protection maternelle et infantile et des autres services de santé dépendant des conseils départementaux ou des communes et les médecins des centres pratiquant les examens de santé gratuits prévus à l'article L. 321-3 du Code de la sécurité sociale participent à la mise en œuvre de la politique vaccinale. »

Article L. 3111-2

« Les vaccinations antidiphtérique et antitétanique par l'anatoxine sont obligatoires, sauf contre-indication médicale reconnue ; elles doivent être pratiquées simultanément. Les personnes titulaires de l'autorité parentale ou qui ont la charge de la tutelle des mineurs sont tenues personnellement responsables de l'exécution de cette mesure, dont la justification doit être fournie lors de l'admission dans toute école, garderie, colonie de vacances ou autre collectivité d'enfants.

Un décret détermine les conditions dans lesquelles sont pratiquées la vaccination antidiphtérique et la vaccination antitétanique. »

Article L. 3111-3

« La vaccination antipoliomyélitique est obligatoire, sauf contre-indication médicale reconnue, à l'âge et dans les conditions déterminées par décret en Conseil d'État, pris après avis de l'Académie nationale de médecine et de la Haute Autorité de santé. Les personnes titulaires de l'autorité parentale ou qui ont la charge de la tutelle des mineurs sont tenues personnellement de l'exécution de cette obligation. »

Article L. 3111-4

« Une personne qui, dans un établissement ou organisme public ou privé de prévention de soins ou hébergeant des personnes âgées, exerce une activité professionnelle l'exposant ou exposant les personnes dont elle est chargée à des risques de contamination doit être immunisée contre l'hépatite B, la diphtérie, le tétanos, la poliomyélite et la grippe.

Les personnes qui exercent une activité professionnelle dans un laboratoire de biologie médicale doivent être immunisées contre la fièvre typhoïde.

Un arrêté des ministres chargés de la Santé et du Travail, pris après avis de la Haute Autorité de santé, détermine les catégories d'établissements et organismes concernés.

Tout élève ou étudiant d'un établissement préparant à l'exercice des professions médicales et des autres professions de santé dont la liste est déterminée par arrêté du ministre chargé de la santé, qui est soumis à l'obligation d'effectuer une part de ses études dans un établissement ou organisme public ou privé de prévention ou de soins, doit être immunisé contre les maladies mentionnées à l'alinéa premier du présent article.

Les établissements ou organismes employeurs ou, pour les élèves et étudiants, les établissements ayant reçu leur inscription, prennent à leur charge les dépenses entraînées par ces vaccinations.

Les conditions de l'immunisation prévue au présent article sont fixées par arrêté du ministre chargé de la Santé pris après avis de la Haute Autorité de santé et compte tenu, en particulier, des contre-indications médicales. »

Article L. 3111-5

« Toute vaccination obligatoire pratiquée dans les conditions définies au présent chapitre doit faire l'objet, de la part du médecin ou de la sage-femme qui l'a effectuée, d'une déclaration dont les modalités et le contenu sont fixés par décret. Ce décret fixe également les modalités de transmission à l'Agence nationale de santé publique des informations nécessaires à l'évaluation de la politique vaccinale.

Si la personne vaccinée dispose d'un carnet de santé, mention de la vaccination doit y être portée. »

Article L. 3111-6

« La vaccination contre la fièvre jaune est obligatoire, sauf contre-indication médicale, pour toute personne âgée de plus d'un an et résidant ou séjournant en Guyane. »

Article L. 3111-9

« Sans préjudice des actions qui pourraient être exercées conformément au droit commun, la réparation intégrale des préjudices directement imputables à une vaccination obligatoire pratiquée dans les conditions mentionnées au présent chapitre, est assurée par l'Office national d'indemnisation des accidents médicaux, des affections iatrogènes et des infections nosocomiales institué à l'article L. 1142-22, au titre de la solidarité nationale.

L'office diligente une expertise et procède à toute investigation sans que puisse lui être opposé le secret professionnel.

L'offre d'indemnisation adressée à la victime ou, en cas de décès, à ses ayants droit est présentée par le directeur de l'office. Un conseil d'orientation, composé notamment de représentants des associations concernées, est placé auprès du conseil d'administration de l'office.

L'offre indique l'évaluation retenue pour chaque chef de préjudice, nonobstant l'absence de consolidation ainsi que le montant des indemnités qui reviennent à la victime ou à ses ayants droit, déduction faite des prestations énumérées à l'article 29 de la loi n° 85-677 du 5 juillet 1985 tendant à l'amélioration de la situation des victimes d'accidents de la circulation et à l'accélération des procédures d'indemnisation, et plus généralement des prestations et indemnités de toute nature reçues ou à recevoir d'autres débiteurs du chef du même préjudice.

L'acceptation de l'offre de l'office par la victime vaut transaction au sens de l'article 2044 du Code civil.

Jusqu'à concurrence de l'indemnité qu'il a payée, l'office est, s'il y a lieu, subrogé dans les droits et actions de la victime contre les responsables du dommage.

Un décret en Conseil d'État fixe les modalités d'application du présent article. »

Article L. 3111-11

« Les vaccinations réalisées par les établissements et organismes habilités dans des conditions définies par décret sont gratuites.

Les collectivités territoriales peuvent exercer des activités en matière de vaccination dans le cadre d'une convention conclue avec l'État. Cette convention précise les objectifs poursuivis, les catégories de bénéficiaires, les moyens mis en œuvre, le montant de la subvention accordée par l'État, les données dont la transmission à l'État est obligatoire, les modalités d'évaluation des actions entreprises ainsi que, le cas échéant, les relations avec les autres organismes intervenant dans le même domaine. Les vaccinations réalisées en application de cette convention sont gratuites.

Les dépenses afférentes aux vaccins sont prises en charge, pour les assurés sociaux ou leurs ayants droit, par les organismes d'assurance maladie dont ils relèvent et, pour les bénéficiaires de l'aide médicale de l'État, dans les conditions prévues au titre V du livre II du Code de l'action sociale et des familles et selon les modalités prévues à l'article L. 182-1 du Code de la sécurité sociale.

La facturation dématérialisée de ces dépenses est opérée dans les conditions prévues à l'article L. 161-35 du même code.

Selon des modalités définies par décret, la Caisse nationale d'assurance maladie des travailleurs salariés peut négocier, pour le compte des établissements ou organismes habilités et des collectivités territoriales exerçant des activités en matière de vaccination, les conditions d'acquisition des vaccins destinés à y être administrés et qui sont inscrits sur la liste prévue au premier alinéa de l'article L. 162-17 dudit code. »

NOTA : Loi n° 2014-1554 du 22 décembre 2014, article 49 II : Le présent article entre en vigueur le 1er janvier 2016, à l'exception de l'avant-dernier alinéa qui entre en vigueur à une date fixée par décret, et au plus tard le 1er janvier 2018.

Conformément à l'article 2 du décret n° 2017-336 du 14 mars 2017, les dispositions de l'avant-dernier alinéa du présent article, dans leur rédaction issue de l'article 49 de la loi n° 2014-1554 du 22 décembre 2014, entrent en vigueur le 1er janvier 2018.

• Document 2 : Préambule de la Constitution du 27 octobre 1946, article 11.

« Elle garantit à tous, notamment à l'enfant, à la mère et aux vieux travailleurs, la protection de la santé, la sécurité matérielle, le repos et les loisirs. Tout être humain qui, en raison de son âge, de son état physique ou mental, de la situation économique, se trouve dans l'incapacité de travailler a le droit d'obtenir de la collectivité des moyens convenables d'existence. »

• Document 3 : Cass. 1re civ., 9 juillet 2009.

Attendu qu'ayant reçu, en juillet et août 1997, une vaccination anti-hépatite B (Genhevac), commercialisée par la société Pasteur Aventis MSD, Mme X., qui a commencé à subir des troubles neurologiques, courant octobre 1997, avant qu'une sclérose en plaque ne soit diagnostiquée, en avril 2001, a recherché la responsabilité de la société Sanofi Pasteur MSD ;

Sur le premier moyen :

Attendu que la société Sanofi Pasteur MSD fait grief à l'arrêt (*CA Lyon, 22 nov. 2007*) de l'avoir déclarée responsable de l'apparition de la sclérose en plaques développée par Mme X. et de l'avoir condamnée à réparer ses préjudices, alors, selon le moyen :

1°/qu'un produit est défectueux lorsqu'il n'offre pas la sécurité à laquelle on peut légitimement s'attendre compte tenu de toutes les circonstances et, notamment, de sa présentation, de l'usage qui peut en être raisonnablement attendu et du moment de sa mise en circulation ; qu'en retenant, pour affirmer le caractère défectueux du vaccin Genhevac B, que la campagne de vaccination en milieu scolaire avait été suspendue en 1998, que l'État avait accepté d'indemniser certains agents pour des affections démyélinisantes secondaires à une vaccination contre l'hépatite B et que la sécurité sociale avait reconnu la qualification d'accident du travail à l'apparition de cette maladie consécutive à la vaccination anti-hépatite B obligatoire dans certaines professions, la cour d'appel, qui a statué par des motifs inopérants, étrangers à la notion de défaut de sécurité du vaccin, n'a pas donné de base légale à sa décision au regard des articles 1147 et 1353 du Code civil, interprétés à la lumière de la directive n° 85/374/CEE du 25 juillet 1985 ;

2°/qu'un produit est défectueux lorsqu'il n'offre pas la sécurité à laquelle on peut légitimement s'attendre compte tenu de toutes les circonstances et, notamment, de sa présentation, de l'usage qui peut en être raisonnablement attendu et du moment de sa mise en circulation ; que l'existence d'un défaut de sécurité ne saurait se déduire de la mention de la pathologie au titre des effets indésirables ; qu'en retenant, pour affirmer le caractère défectueux du vaccin Genhevac B, que l'édition 2003 du dictionnaire Vidal et la notice actuelle du vaccin mentionnaient, au titre de ses effets indésirables possibles, la poussée de sclérose en plaques, la cour d'appel a violé l'article 1147 du Code civil, interprété à la lumière de la directive n° 85/374/CEE du 25 juillet 1985 ;

3°/qu'un produit est défectueux lorsqu'il n'offre pas la sécurité à laquelle on peut légitimement s'attendre compte tenu de toutes les circonstances et, notamment, de sa présentation, de l'usage qui peut en être raisonnablement attendu et du moment de sa mise en circulation ; qu'en affirmant le caractère défectueux du vaccin Genhevac B, sans rechercher si, à l'époque de la vaccination de Mme X., en 1997, le résumé des caractéristiques et la notice du vaccin Genhevac B, respectivement destinés aux praticiens et aux patients, mentionnaient le risque de survenance d'une poussée de sclérose en plaques au titre des effets indésirables rapportés, la cour d'appel a privé sa décision de base légale au regard de l'article 1147 du Code civil, interprété à la lumière de la directive CEE n° 85-374 du 25 juillet 1985 ;

Mais attendu qu'aux termes de l'article 1386-4 du Code civil, un produit est défectueux lorsqu'il n'offre pas la sécurité à laquelle on peut légitimement s'attendre ; que, dans l'appréciation de cette exigence, il doit être tenu compte, notamment, de la présentation du produit, de l'usage qui peut en être raisonnablement attendu, et du moment de sa mise en circulation ; que la cour d'appel a constaté que le dictionnaire médical Vidal, comme la notice actuelle de présentation du vaccin, fait figurer au nombre des effets secondaires indésirables possibles du produit la poussée de sclérose en plaques, quand la notice de présentation du produit litigieux ne contenait pas cette information ; qu'elle en a exactement déduit que le vaccin présentait le caractère d'un produit défectueux au sens de ce texte ;

Et sur le second moyen :

Attendu que la société Sanofi Pasteur MSD fait grief à l'arrêt de l'avoir déclarée responsable de l'apparition de la sclérose en plaques développée par Mme X. et de l'avoir condamnée à réparer ses préjudices, alors, selon le moyen :

1°/que l'action en responsabilité du fait d'un produit défectueux exige la preuve du dommage, du défaut et du lien de causalité entre le défaut et le dommage ; qu'une telle preuve peut résulter de présomptions, pourvu qu'elles soient graves, précises et concordantes ; que la cour d'appel, qui a retenu, pour affirmer que la sclérose en plaques présentée par Mme X. était imputable au vaccin Genhevac B, qu'elle n'avait pas d'antécédents neurologiques et que sa maladie s'était déclaré moins de deux mois après l'injection du vaccin, s'est prononcée par des motifs essentiellement tirés de la coïncidence chronologique, impropres à caractériser des présomptions graves, précises et concordantes de l'existence d'un lien causal entre la vaccination de Mme X. contre l'hépatite B et sa pathologie, privant ainsi sa décision de base légale au regard des articles 1147 et 1353 du Code civil, interprétés à la lumière de la directive n° 85/374/CEE du 25 juillet 1985 ;

2°/que la responsabilité du producteur est soumise à la condition que le demandeur prouve, outre le dommage, le défaut du produit et le lien de causalité entre le défaut et le dommage ; qu'en retenant, pour estimer que la preuve du lien de causalité entre la sclérose en plaques développée par Mme X. et la vaccination contre l'hépatite B était rapportée, que la société Sanofi Pasteur MSD ne soutenait pas que la pathologie était imputable à une autre cause que celle invoquée par Mme X., la cour d'appel, qui a renversé la charge de la preuve, a violé l'article 1315 du Code civil, interprété à la lumière de la directive n° 85-374 du 25 juillet 1985 ;

Mais attendu qu'ayant relevé, d'abord, que si les études scientifiques versées aux débats par la société Sanofi Pasteur MSD n'ont pas permis de mettre en évidence une augmentation statistiquement significative du risque relatif de sclérose en plaques ou de démyélinisation après vaccination contre l'hépatite B, elles n'excluent pas, pour autant, un lien possible entre cette vaccination et la survenance d'une démyélinisation de type sclérose en plaques ; qu'ayant, ensuite, relevé que les premières manifestations de la sclérose en plaques avaient eu lieu moins de deux mois après la dernière injection du produit ; que ni Mme X. ni aucun membre de sa famille n'avaient souffert d'antécédents neurologiques, et que dès lors aucune autre cause ne pouvait expliquer cette maladie, dont le lien avec la vaccination relevait de l'évidence selon le médecin traitant de Mme X., la cour d'appel, qui a souverainement estimé que ces faits constituaient des présomptions graves, précises et concordantes, a pu en déduire un lien causal entre la vaccination de Mme X., et le préjudice subi par elle ;

Par ces motifs :

Rejette le pourvoi ; (...)

• Document 4 : Haut Conseil à la Santé Publique, « Infections à rotavirus : suspension des recommandations de vaccination des nourrissons », avis du 21 avril 2014.

En novembre 2013, le Haut Conseil de la santé publique avait recommandé l'introduction de la vaccination des nourrissons contre les infections à rotavirus sous conditions d'un ratio coût/efficacité acceptable ainsi que la poursuite du suivi renforcé de pharmacovigilance relatif à la notification des invaginations intestinales aiguës (IIA) dont le risque devait faire l'objet d'une information aux familles.

La notification d'effets indésirables graves y compris ayant pu entraîner la mort, après la vaccination de nourrissons contre les infections à rotavirus, conduit le HCSP à reconsidérer sa position relative à cette vaccination.

Du fait de l'évolution défavorable de certains cas rapportés d'IIA (décès, résections) probablement liée à une prise en charge tardive et ne pouvant exclure que de telles situations se reproduisent, le HCSP suspend la recommandation de vaccination des nourrissons contre les infections à rotavirus en population générale.

Par ailleurs, ni la littérature internationale relative aux pays industrialisés, ni les données épidémiologiques nationales ne permettent d'identifier des facteurs de comorbidité ou des facteurs de risque environnementaux (conditions de vie, zone géographique sur le territoire national) susceptibles de définir une population de nourrissons pour laquelle la balance bénéfice/risque pourrait être plus favorable. Ceci ne permet donc pas de proposer une stratégie de vaccination sélective, ciblée sur certains nourrissons.

Le HCSP rappelle par ailleurs que si cette vaccination est pratiquée à titre individuel et dans le cadre de son autorisation de mise sur le marché (AMM), le médecin doit informer la famille de l'enfant vacciné du risque d'invagination intestinale aiguë et des manifestations cliniques devant motiver une consultation en urgence.

- ***Document 5: Jean-Sébastien Borghetti, « Contentieux du vaccin contre l'hépatite B : en route vers Luxembourg ! », D., nov. 2015.***

1. La première chambre civile de la Cour de cassation a rendu le 12 novembre 2015 un arrêt très important, qui marque une nouvelle étape dans le contentieux déjà fourni du vaccin contre l'hépatite B. Saisie d'une affaire dans laquelle une cour d'appel avait refusé de reconnaître l'existence d'un lien de causalité entre la prise de ce vaccin et la sclérose en plaques apparue par la suite chez le patient, la haute juridiction a décidé de surseoir à statuer et de poser trois questions préjudicielles à la Cour de justice de l'Union européenne (CJUE), en application de l'article 257 du Traité sur le fonctionnement de l'Union européenne. La balle se trouve donc désormais dans le camp de la Cour de Luxembourg. En attendant les réponses de celle-ci, il n'est pas inutile de replacer dans son contexte la décision que vient de rendre la Cour de cassation et de s'interroger sur la pertinence des questions adressées à la CJUE.

I – Contexte

2. Depuis un certain nombre d'années, un soupçon existe selon lequel la vaccination contre l'hépatite B serait susceptible de provoquer des maladies démyélinisantes, dont la sclérose en plaques. Les nombreuses études épidémiologiques menées sur le sujet n'ont jamais permis de confirmer l'existence d'un tel lien, sans pour autant l'exclure. Cela n'a pas empêché la naissance d'un contentieux significatif, initié par des personnes estimant que la maladie démyélinisante dont elles souffrent est due au vaccin contre l'hépatite B.

3. Certaines, soumises à une obligation de vaccination, forment une demande d'indemnisation auprès de l'Office national d'indemnisation des accidents médicaux, des affections iatrogènes et des infections nosocomiales (ONIAM), en application de l'article L. 3111-9 du Code de la santé publique, qui met à la charge de ce dernier « la réparation intégrale des préjudices directement imputables à une vaccination obligatoire ». Le contentieux qui

en découle, soumis à la compétence des juridictions administratives, a conduit le Conseil d'État à poser une véritable règle de droit, en vertu de laquelle le lien entre la vaccination et une maladie démyélinisante doit être considéré comme établi dès lors que la survenue des premiers symptômes de l'affection n'est séparée de l'injection du vaccin que par un « bref délai » (dont la jurisprudence semble fixer la durée à trois mois) et qu'il n'existait pas d'antécédents de la maladie chez le demandeur. Il convient toutefois de noter qu'aucune raison scientifique, ni d'ailleurs d'aucune autre sorte, n'a été invoquée pour justifier ce critère du bref délai.

4. D'autres personnes ayant développé une maladie démyélinisante, après avoir été vaccinées contre l'hépatite B (ou parfois les mêmes), choisissent d'agir contre le producteur du vaccin, sur le fondement de la responsabilité du fait des produits défectueux. Pour aboutir, une telle action suppose notamment que soit prouvés, outre le dommage, le défaut de sécurité du produit et le lien de causalité entre ce dernier et le dommage. La Cour de cassation, après avoir dans un premier temps semblé considérer que l'incertitude scientifique faisait obstacle à l'admission d'un lien de causalité entre vaccination contre l'hépatite B et maladie démyélinisante, a par la suite modifié sa position. Dans des arrêts du 22 mai 2008, elle a décidé qu'une cour d'appel ne pouvait refuser de reconnaître un tel lien de causalité sur la base d'« une approche probabiliste déduite exclusivement de l'absence de lien scientifique et statistique entre vaccination et développement de la maladie, sans rechercher si les éléments de preuve qui lui étaient soumis constituaient, ou non, des présomptions graves, précises et concordantes du caractère défectueux du vaccin litigieux, comme du lien de causalité entre un éventuel défaut et le dommage ». En d'autres termes, les juges du fond ne sauraient se réfugier derrière l'incertitude scientifique pour rejeter l'existence d'un lien de causalité entre vaccination contre l'hépatite B et maladie démyélinisante. Il leur faut décider au cas par cas, en fonction des faits de l'espèce, si un tel rapport de causalité peut être retenu, sur la base de présomptions du fait de l'homme. Ce faisant, la Cour de cassation encourage certes les juridictions inférieures à surmonter l'obstacle de l'incertitude scientifique, mais elle s'interdit du même coup d'exercer son rôle d'unification de la jurisprudence, puisque l'appréciation du lien entre vaccination et maladie relève désormais de l'appréciation souveraine des juges du fond. Il en résulte, sans grande surprise, un grand désordre jurisprudentiel. Les mêmes circonstances de fait, ou des circonstances très proches, conduisent à des appréciations différentes de la causalité, selon les conceptions que les juges du fond se font des conditions de développement des maladies démyélinisantes. La vérité scientifique paraît ainsi varier d'un ressort de cour d'appel à l'autre.

5. L'affaire qui a donné lieu à l'arrêt du 12 novembre 2015 l'illustre à merveille. Un homme avait reçu trois injections d'un vaccin contre l'hépatite B entre décembre 1998 et juillet 1999. Il présenta à partir d'août 1999 des troubles de santé qui aboutirent au diagnostic de la sclérose en plaques. Ayant été vacciné au titre de la vaccination obligatoire des personnels de santé, il forma une demande d'indemnisation auprès de l'ONIAM, qui fut acceptée. Estimant cependant que cette indemnisation ne couvrait pas l'intégralité des préjudices subis (en dépit de ce que prévoit l'art. L. 3111-9 du CSP), lui, sa femme et ses filles intentèrent également une action en responsabilité contre le producteur du vaccin. Par un jugement du 4 septembre 2009, le tribunal de grande instance de Nanterre donna raison aux demandeurs, au motif que le vaccin était défectueux et qu'il existait des présomptions graves, précises et concordantes quant à l'existence d'un lien de causalité entre la vaccination et la sclérose en plaques.

La cour de Versailles confirma le jugement en ce qui concerne la causalité, mais elle rejeta néanmoins l'action, au motif qu'un défaut de sécurité objective du produit n'était pas établi et que la seule implication du produit dans la réalisation du dommage ne suffisait pas à mettre en jeu la responsabilité du producteur. Cet arrêt fut censuré par la Cour de cassation le 26 septembre 2012, précisément sur la question de la preuve du défaut du vaccin (très importante en pratique, mais qui ne retiendra pas ici notre attention). L'affaire a alors été renvoyée devant la cour de Paris.

6. Pour établir le lien entre la vaccination et la sclérose en plaques, les demandeurs faisaient valoir deux éléments principaux, qui sont ceux que retiennent d'ordinaire les juges du fond pour caractériser ce lien. Le premier tenait à la proximité temporelle entre la vaccination et la manifestation de la maladie, et le second à l'absence d'antécédents neurologiques personnels ou familiaux du patient. Au terme d'une décision très argumentée, la cour de renvoi a écarté le premier élément au motif notamment que les études cliniques disponibles tendent à montrer qu'il s'écoule un certain temps entre la naissance de la maladie (telle qu'elle peut être observée notamment grâce à l'imagerie médicale) et les poussées cliniques, ce qui revient à dire que, si la vaccination causait la maladie, celle-ci ne devrait pas se manifester immédiatement après celle-là. Quant au deuxième argument, il a été écarté du fait que l'ignorance de l'étiologie exacte de la sclérose en plaques interdit de considérer l'absence d'antécédents comme décisive. En fin de compte, la cour de Paris a donc jugé que les éléments avancés par les demandeurs ne constituaient pas des présomptions graves, précises et concordantes en faveur d'un lien de causalité entre la vaccination et la maladie.

7. Saisies à trois ans d'intervalle, les cours de Versailles et de Paris ont ainsi, sur la question de la causalité, tiré des conclusions différentes des mêmes faits. C'est une conséquence malheureuse, mais logique, du choix opéré par la Cour de cassation en 2008 de basculer dans une appréciation au cas par cas du lien entre la vaccination contre l'hépatite B et la survenue d'une maladie démyélinisante. Il semble par ailleurs que ce choix eût dû rendre la décision des juges parisiens inattaquable sur cette question de la causalité. En effet, dès lors que la cour avait refusé de reconnaître l'existence de présomptions au terme d'un réel examen des faits et d'un raisonnement cohérent (au demeurant bien plus développé dans cette décision que dans la plupart de celles qui retiennent la causalité), comment remettre en cause son appréciation souveraine ? Cela n'a pourtant pas empêché les demandeurs en indemnisation de former un nouveau pourvoi en cassation. Ils reprochaient notamment aux juges d'appel d'avoir décidé que les éléments de fait avancés ne suffisaient pas à présumer le lien de causalité. Cela revenait en substance à préconiser l'adoption d'une présomption de droit, analogue à celle retenue par le Conseil d'État, en vertu de laquelle la proximité temporelle entre la vaccination et l'apparition de la maladie, combinée à l'absence d'autre cause identifiée de celle-ci, obligerait les juges à retenir l'existence d'un lien de causalité.

8. L'établissement d'une telle présomption de droit présenterait indubitablement un certain nombre de mérites. En plus de rapprocher la jurisprudence de la Cour de cassation de celle du Conseil d'État, elle améliorerait la sécurité juridique et permettrait de faire cesser les contradictions absurdes auxquelles conduit le recours actuel aux présomptions du fait de l'homme. Préconisée par certains auteurs, elle l'a également été par des avocats généraux près la Cour de cassation dans deux affaires au moins, dont celle-ci. Cela étant, une telle présomption de droit serait loin de constituer une panacée, ne serait-ce que parce que, s'agissant de la responsabilité des producteurs,

son adoption constituerait en fait un choix politique consistant à faire peser sur des personnes privées, les laboratoires produisant le vaccin contre l'hépatite B, un risque dont il n'est pas scientifiquement établi qu'il est créé par leurs produits. Or, même abstraction faite de toute considération tirée du principe d'égalité devant les charges publiques, on peut penser qu'il s'agit là d'un choix qui ne relève pas de la compétence de la Cour de cassation, dont la fonction, au contraire de celle de certaines cours suprêmes étrangères, n'est pas (encore) d'ordre politique. Par ailleurs, la question de la preuve, en matière de responsabilité du fait des produits, ne peut être envisagée indépendamment des contraintes que fait peser sur notre droit l'harmonisation opérée par la directive de 1985 sur la responsabilité du fait des produits défectueux. Une solution, aussi souhaitable qu'elle puisse paraître, ne saurait être adoptée si elle va à l'encontre de ce qu'impose le texte européen, tel qu'interprété par la CJUE. Or, à trop vouloir faciliter la preuve du lien de causalité par le défendeur, ne risque-t-on pas d'aller à l'encontre de l'article 4 de la directive (transposé à l'art. 1386-9, C. civ.), qui dispose : « la victime est obligée de prouver le dommage, le défaut et le lien de causalité entre le défaut et le dommage » ? Le meilleur moyen de répondre à cette question est encore de la poser à la CJUE, interprète ultime du droit de l'Union. C'est ce que la Cour de cassation, rejoignant une préconisation déjà formulée en doctrine, s'est finalement décidé à faire, dans son arrêt du 12 novembre 2015.

II – Questions

9. Plutôt que de statuer sur le moyen critiquant l'arrêt de la cour d'appel de Paris, la Cour de cassation a fait le choix de surseoir à statuer et d'adresser à la cour de Luxembourg trois questions préjudicielles. La première porte en substance sur le point de savoir si l'article 4 de la directive s'oppose à un recours aux présomptions de fait de l'homme, relevant de l'appréciation souveraine des juges du fond, pour prouver tant l'existence d'un défaut du vaccin que le lien de causalité entre celui-ci et la maladie, alors même que la recherche médicale ne permet pas aujourd'hui d'établir un lien entre la vaccination contre l'hépatite B et la survenance de la maladie dont souffre le demandeur. La deuxième question, soulevée en cas de réponse négative à la première, est de savoir si ce même article 4 s'oppose à l'établissement d'une présomption de droit portant sur le lien entre le défaut attribué au vaccin et le dommage, lorsque certains indices sont réunis. La troisième question, enfin, posée quant à elle sous condition d'une réponse affirmative à la première, est de savoir si la preuve d'un lien de causalité entre le défaut attribué au vaccin et le dommage subi ne peut être considérée comme apportée que si ce lien est établi de manière scientifique.

10. Si le principe de ces questions doit être approuvé, il est permis d'être plus réservé sur leur contenu. Telles qu'elles sont formulées, elles n'identifient, en effet, pas suffisamment, nous semble-t-il, les points qui rendent le contentieux du vaccin contre l'hépatite B si délicat. Il ne s'agit d'ailleurs pas d'en faire le reproche aux hauts magistrats, car la matière est réellement très complexe, la doctrine tâtonne encore et le droit positif n'offre pour le moment guère d'outils adéquats pour appréhender les difficultés liées à l'incertitude scientifique. Le seul concept disponible semble être celui de causalité, mal défini, et que le droit de la responsabilité envisage de manière univoque, comme le lien de cause à effet qui relie le fait générateur au dommage. Or, dans le contentieux des vaccins contre l'hépatite B, la notion de causalité recouvre en fait plusieurs rapports différents. Il nous semble qu'il faut opérer deux distinctions, étant précisé que celles-ci

ne recoupent pas exactement la distinction, désormais couramment invoquée, entre causalité scientifique et causalité juridique.

11. En premier lieu, il convient de distinguer le rapport existant entre la prise du produit et le dommage, d'une part, du rapport qui s'établit entre le défaut du produit et le dommage, d'autre part. Seul le second est explicitement envisagé par la directive et par le droit français, sous le nom de causalité. La preuve du premier constitue toutefois un préalable logique à celle du second et, lorsqu'ils parlent de causalité en matière de responsabilité du fait des médicaments, les tribunaux se réfèrent en réalité le plus souvent au premier rapport, également appelé parfois rapport d'imputabilité ou d'implication. On sait que cette distinction suscite un vif débat en doctrine et un certain embarras en jurisprudence. À la réflexion, cependant, ce débat nous paraît pour partie déplacé, dans la mesure où il tend à occulter une seconde distinction, plus essentielle encore, et qui concerne directement l'appréhension de l'incertitude scientifique.

12. Cette seconde distinction est faite notamment dans les droits américain et anglais, qui ont, en la matière, une expérience plus développée que la nôtre. Ces droits distinguent, en effet, général causation et spécifique (ou individual) causation, expressions qui peuvent être traduites par causalité générale et causalité spécifique, étant entendu que la causalité dont il est ici question correspond en fait à l'imputabilité du dommage au produit. La causalité générale consiste dans l'aptitude d'une substance ou d'un produit donné à provoquer un effet donné (le cas échéant une pathologie) chez les personnes qui y sont exposées. La causalité spécifique, quant à elle, consiste dans le fait pour un produit donné d'avoir causé un effet donné (le cas échéant une pathologie) chez une personne donnée.

13. Cette distinction entre causalité générale et causalité spécifique ne se trouve évidemment pas dans la directive, ni dans la loi française. Elle nous paraît cependant incontestable d'un point de vue conceptuel. Elle a surtout le mérite de permettre de mieux situer la difficulté à laquelle sont confrontés les demandeurs dans le contentieux des vaccins contre l'hépatite B. Le problème pour ces derniers n'est, en effet, pas seulement de prouver que les doses de vaccin qui leur ont été administrées ont causé « leur » maladie démyélinisante (causalité spécifique). Il leur faut aussi – ou du moins on peut le penser – établir que le vaccin est, dans l'absolu et indépendamment de leur cas, susceptible de causer une telle maladie (causalité générale). Reconnaître cette distinction permet dès lors de mieux cerner la question fondamentale qui se pose aux juridictions françaises, et qui nous paraît être la suivante : peut-on admettre que la causalité spécifique soit prouvée dans un cas donné, si la causalité générale ne peut être établie du fait de la situation d'incertitude scientifique ?

14. La réponse du droit américain est clairement négative, du moins en principe. La causalité spécifique ne peut normalement y être prouvée si la causalité générale n'est pas d'abord établie. Plus précisément, la preuve de la causalité générale est une condition de recevabilité de celle de la causalité spécifique. La Cour de cassation avait adopté une position approchante en 2003 même si elle n'avait pas employé les concepts de causalité générale et de causalité spécifique. Aujourd'hui, cependant, tant le Conseil d'État que la Cour de cassation admettent implicitement que la preuve de la causalité générale n'est pas un prérequis à celle de la causalité spécifique.

15. Il est bien sûr possible d'avoir des avis divergents sur l'opportunité de cette solution. Ce qui nous paraît essentiel est de reconnaître que c'est là que se situe le cœur du

problème. Malheureusement, cela ne ressort pas clairement des questions posées par la Cour de cassation à la CJUE. Toutefois, celle-ci se reconnaît un pouvoir de reformuler les questions qui lui sont posées, afin de préciser l'objet de la demande. Il faut donc espérer que les juges de Luxembourg ne s'en tiendront pas à la lettre des questions posées par l'arrêt du 12 novembre 2015 et se saisiront de l'occasion qui leur est donnée de clarifier le cadre conceptuel de la responsabilité du fait des médicaments. Il s'agit là d'un problème fondamental, qui ne concerne pas seulement le droit français, ni le contentieux du vaccin contre l'hépatite B.

16. En substance, les questions relatives à la causalité auxquelles il serait bon que la CJUE apporte une réponse nous paraissent être les suivantes : 1) en matière de responsabilité du fait des médicaments, l'établissement d'un lien entre l'utilisation du produit et la survenance du dommage constitue-t-il un préalable implicite à la preuve des trois éléments requis par l'article 4 de la directive ? ; 2) le fait que les données acquises de la science ne permettent pas, de manière générale, d'établir un lien entre le médicament en cause et la pathologie dont souffre le demandeur fait-il obstacle à ce que celui-ci puisse prouver, dans un litige spécifique, le lien de causalité requis par l'article 4 de la directive entre le défaut du produit et le dommage, ou, en cas de réponse positive à la première question, le lien entre l'utilisation du médicament et le dommage ? ; 3) en cas de réponse négative à la deuxième question, l'article 4 de la directive s'oppose-t-il à un système de présomptions selon lequel l'existence d'un lien de causalité entre le défaut du médicament et le dommage (ou, en cas de réponse positive à la première question, l'existence d'un lien entre l'utilisation du médicament et le dommage) serait toujours considérée comme établie lorsque certains éléments de fait prédéfinis sont réunis ?

17. À notre sens, la CJUE pourrait répondre à ces questions sans statuer ultra petita et elle toucherait ainsi au cœur de la difficulté qui a motivé le renvoi préjudiciel. Rien ne l'oblige cependant à reformuler ainsi les questions. Elle pourrait, en outre, être tentée de profiter de la marge de manœuvre dont elle dispose en pratique pour esquiver tout ou partie de la difficulté, comme elle l'a fait récemment dans une autre affaire relative à la directive de 1985. En tout état de cause, la complexité inhérente au problème de l'incertitude scientifique en matière de responsabilité du fait des médicaments, jointe à l'incertitude existant quant à la volonté de la CJUE de prendre le problème à bras-le-corps, fait qu'il est extrêmement difficile de prédire quel sera le contenu de la décision des juges de Luxembourg.

18. En attendant celle-ci, trois remarques peuvent être faites. La première est que ce renvoi préjudiciel n'a pas empêché la Cour de cassation, par autre arrêt (non publié) du même jour, de rejeter le pourvoi contre un arrêt d'appel qui avait retenu la responsabilité du producteur d'un vaccin contre l'hépatite B sur le fondement de l'existence d'un défaut d'information et d'un lien de causalité entre la prise du vaccin et la sclérose en plaques dont souffrait la demanderesse. La solution issue des arrêts de 2008 reste donc en vigueur jusqu'à nouvel ordre, du moins lorsqu'elle profite aux demandeurs en indemnisation.

19. La seconde remarque est que les réponses données par la CJUE auront sans doute un impact sur l'ensemble du contentieux du vaccin contre l'hépatite B, et plus généralement de la responsabilité du fait des médicaments, et ne seront pas limitées au seul régime spécial issu de la directive de 1985. Le Conseil d'État, en particulier, pourra difficilement ne pas en tenir compte dans son application de l'article L. 3111-9 du Code de la santé publique, du moins si la Cour de Luxembourg devait estimer que l'incertitude

scientifique fait obstacle à l'engagement de la responsabilité du producteur. En effet, même si le régime d'indemnisation des vaccinations obligatoires est techniquement indépendant du régime de responsabilité du fait des produits défectueux, il serait difficilement admissible que, en l'état des données acquises de la science, le lien entre vaccination et sclérose en plaques puisse être présumé dans certains cas, mais non dans les autres.

20. Enfin, même si la Cour de Luxembourg saisit l'occasion qui lui est donnée d'affronter clairement le problème de l'incidence de l'incertitude scientifique sur la responsabilité des producteurs pharmaceutiques, elle ne réglera pas pour autant toutes les questions afférentes à celle-ci. Celles de la définition et de la preuve du défaut des médicaments, en particulier, resteront en suspens. Le prochain arrêt de la CJUE sur la directive de 1985 ne sera donc certainement pas le dernier.

• *Document 6 : Damien Mascret, « Politique vaccinale : convaincre plutôt que contraindre », Le Figaro, octobre 2015.*

ANALYSE – En soulignant les avantages tout en minimisant les effets indésirables, le discours à sens unique des pouvoirs publics a contribué à l'émergence d'un scepticisme regrettable, explique Damien Mascret, journaliste au Figaro.

Selon un sondage Ifop-PHR dévoilé lundi par *Le Figaro*, sept français sur dix n'ont pas l'intention de se faire vacciner contre la grippe cette année. Il est probable que la campagne de vaccination qui débute réduira cette proportion, mais il n'empêche que, même dans la population cible de la vaccination (10 millions de personnes), on observe une lente érosion depuis plusieurs années. Plus de la moitié des personnes à qui la vaccination gratuite a été proposée ne se sont pas fait vacciner l'an dernier. Et le scepticisme vaccinal va bien au-delà de la seule grippe.

Cette défiance a plusieurs explications. D'abord un doute sur l'utilité du vaccin. Pourtant, c'est en partie parce que l'efficacité du vaccin a été exceptionnellement mauvaise l'an dernier, en raison d'une mutation surprise du virus, que l'épidémie s'est soldée en France par un excès de plus de 18 300 morts. Que la vaccination saisonnière ne puisse pas protéger contre toutes les souches circulantes de virus est un fait qui explique que l'on puisse avoir une grippe ou un syndrome grippal alors que l'on est vacciné. Mais que la vaccination protège mal contre les souches présumées dominantes est plus difficile à accepter.

Une lenteur exaspérante

Le deuxième motif invoqué par les réticents est la peur des vaccins. Les Français veulent connaître les risques potentiels, même exceptionnels, de leur choix sans être infantilisés. À ce titre, les pouvoirs publics payent le défaut d'informations claires sur le ratio bénéfices/risques de la vaccination. En soulignant les avantages tout en minimisant les effets indésirables, le discours à sens unique a contribué à l'émergence d'un scepticisme regrettable.

De plus, les débats vaccinaux soulevés sont tranchés avec une lenteur exaspérante en dépit de données scientifiques existantes. La question du risque potentiel du vaccin contre le papillomavirus n'a été résolue que le mois dernier après des années de débat (pas d'augmentation du risque de sclérose en plaques, mais augmentation des cas de syndromes de Guillain-Barré). La polémique sur l'impact potentiel sur la santé de la myofasciite à macrophages (dépôt de l'adjuvant aluminique au site vaccinal) ne l'est toujours pas.

Enfin, les médecins eux-mêmes doutent parfois de l'intérêt de certains vaccins et sous-estiment l'impact de l'immunité de groupe. On se vaccine aussi pour protéger ceux qui ne peuvent pas se faire vacciner. Pour preuve, en France, alors que tous les soignants sont légalement obligés de se faire vacciner contre la grippe saisonnière, puisqu'ils sont en contact avec des personnes fragiles, la moitié des médecins et les trois quarts des infirmiers ne le font pas. Dès lors, faut-il s'étonner que la population doute elle aussi ?

Informer avec justesse

En réalité, l'installation progressive d'une démocratie sanitaire qui laisse de plus en plus de choix au citoyen trouve son illustration dans la politique vaccinale. La France s'est engagée depuis plusieurs années dans la voie du choix éclairé des patients, à l'instar des pays industrialisés comparables, qui conservent une couverture vaccinale supérieure à 90 % sans obligation ! Trois vaccinations sont encore obligatoires en France (contre la diphtérie, le tétanos et la poliomyélite), auxquelles il faut ajouter le vaccin contre la fièvre jaune pour les personnes âgées de plus de 12 mois résidant en Guyane française. Mais c'est d'abord sur des raisons scientifiques que s'est appuyées la suspension de l'obligation vaccinale en 1984 contre la variole, et en 2007 contre la tuberculose (BCG). Faut-il aller plus loin ?

Le modèle du patient responsable domine les politiques de santé publique mises en œuvre en France. Mais mesure-t-on bien les conséquences en santé publique de l'avènement des droits des patients, socle de la loi de 2002, ou, pour citer l'un de ses artisans, Didier Tabuteau, de « l'obsession de la responsabilisation des assurés sociaux » ? Car le présupposé de la responsabilité est l'information juste.

Marisol Touraine le réaffirme : « La vaccination est le moyen le plus simple et le plus efficace de se protéger et de protéger les autres contre la grippe. » Aux professionnels de santé maintenant de tenter de convaincre leurs patients et de leur montrer l'exemple.

- ***Document 7 : Conseil constitutionnel, décision n° 2015-458, QPC rendue le 20 mars 2015.***

LE CONSEIL CONSTITUTIONNEL – (...)

Le Conseil constitutionnel a été saisi le 15 janvier 2015 par la Cour de cassation (chambre criminelle, arrêt n° 7873 du 13 janvier 2015), dans les conditions prévues à l'article 61-1 de la Constitution, d'une question prioritaire de constitutionnalité posée pour, M. Marc L. et Mme Samia S. épouse L., par Me Emmanuel Ludot, avocat au barreau de Reims, relative à la conformité aux droits et libertés que la Constitution garantit des articles L. 3111-1 à L. 3111-3 et L. 3116-2 du Code de la santé publique et de l'article 227-17 du Code pénal (...)

6. Considérant que, selon les requérants, en imposant une obligation vaccinale contre certaines maladies alors que les vaccins ainsi rendus obligatoires peuvent présenter un risque pour la santé, les dispositions contestées portent atteinte au droit à la santé garanti par le onzième alinéa du Préambule de la Constitution du 27 octobre 1946 ; que ce risque serait particulièrement élevé pour les jeunes enfants ; que les maladies pour lesquelles ces vaccins sont obligatoires ont cessé de provoquer un nombre important de victimes en raison de l'amélioration des conditions de vie ; que la loi ne prévoit

pas d'examen médical préalable permettant de déceler les contre-indications médicales que la personne peut ignorer (...)

9. Considérant qu'en adoptant les dispositions contestées, le législateur a imposé des obligations de vaccination antidiphtérique, antitétanique et antipoliomyélitique aux enfants mineurs, sous la responsabilité de leurs parents ; qu'il a ainsi entendu lutter contre trois maladies très graves et contagieuses ou insusceptibles d'être éradiquées ; qu'il a confié au ministre chargé de la santé le soin de définir et mettre en œuvre la politique de vaccination après avoir recueilli l'avis du haut conseil de la santé publique ; que le législateur lui a également donné le pouvoir de suspendre par décret chacune de ces obligations de vaccination, pour tout ou partie de la population, afin de tenir compte de la situation épidémiologique et des connaissances médicales et scientifiques ; qu'il a enfin précisé que chacune de ces obligations de vaccination ne s'impose que sous la réserve d'une contre-indication médicale reconnue ;

10. Considérant qu'il est loisible au législateur de définir une politique de vaccination afin de protéger la santé individuelle et collective ; qu'il lui est également loisible de modifier les dispositions relatives à cette politique de vaccination pour tenir compte de l'évolution des données scientifiques, médicales et épidémiologiques ; que, toutefois, il n'appartient pas au Conseil constitutionnel, qui ne dispose pas d'un pouvoir général d'appréciation et de décision de même nature que celui du Parlement, de remettre en cause, au regard de l'état des connaissances scientifiques, les dispositions prises par le législateur ni de rechercher si l'objectif de protection de la santé que s'est assigné le législateur aurait pu être atteint par d'autres voies, dès lors que les modalités retenues par la loi ne sont pas manifestement inappropriées à l'objectif visé ;

11. Considérant qu'il en résulte que, par les dispositions contestées, le législateur n'a pas porté atteinte à l'exigence constitutionnelle de protection de la santé telle qu'elle est garantie par le Préambule de 1946 (...)

Décide :

Art. 1er. – Les articles L. 3111-1, L. 3111-2 et L. 3111-3 du Code de la santé publique sont conformes à la Constitution (...)

- ***Document 8 : « Régime de la preuve en matière de responsabilité du fait des produits défectueux », JCP E, novembre 2015.***

Cass. 1re civ., 12 nov. 2015, n° 14-18118, FS-P+B+I : JurisData n° 2015-025154

Estimant que le lien de causalité entre le défaut du produit et le dommage était établi par des présomptions graves, précises et concordantes, lesquelles étaient caractérisées, en l'espèce, par le bref délai ayant séparé l'injection du vaccin et l'apparition des premiers symptômes de la sclérose en plaques combiné avec l'absence de tout antécédent tant personnel que familial à cette pathologie, ce patient, puis ses ayants droit ont assigné en responsabilité la société Sanofi Pasteur, fabricant du vaccin, sur le fondement des articles 1386-1 et suivants du Code civil, insérés dans ce code par la loi n° 98-389 du 19 mai 1998 transposant en droit interne la directive 85/374/CEE du Conseil, du 25 juillet 1985.

Sur renvoi, la cour d'appel de Paris *(CA Paris, 7 mars 2014)* a rejeté cette demande. Les juges se sont appuyés sur de nombreuses études nationales et internationales et ont tenu compte de diverses mesures d'enquêtes et de surveillance renforcée mises en œuvre par les autorités sanitaires pour considérer qu'il n'existait aucun consensus scientifique en faveur d'un lien de causalité entre la vaccination contre l'hépatite B et la sclérose en plaques. Les ayants droit de la victime se sont alors pourvus en cassation.

Par un arrêt du 12 novembre 2015, la première chambre civile de la Cour de cassation sursoit à statuer et renvoie à la CJUE les questions suivantes :

L'article 4 de la directive 85/374/CEE du Conseil, du 25 juillet 1985, relative au rapprochement des dispositions législatives, réglementaires et administratives des États membres en matière de responsabilité du fait des produits défectueux s'oppose-t-il, dans le domaine de la responsabilité des laboratoires pharmaceutiques du fait des vaccins qu'ils produisent, à un mode de preuve selon lequel le juge du fond, dans l'exercice de son pouvoir souverain d'appréciation, peut estimer que les éléments de fait invoqués par le demandeur constituent des présomptions graves, précises et concordantes, de nature à prouver le défaut du vaccin et l'existence d'un lien de causalité de celui-ci avec la maladie, nonobstant la constatation que la recherche médicale n'établit pas de lien entre la vaccination et la survenance de la maladie ?

En cas de réponse négative à la question précédente, l'article 4 de la directive 85/374, précitée, s'oppose-t-il à un système de présomptions selon lequel l'existence d'un lien de causalité entre le défaut attribué à un vaccin et le dommage subi par la victime serait toujours considérée comme établie lorsque certains indices de causalité sont réunis ?

En cas de réponse affirmative à la première question, l'article 4 de la directive 85/374, précitée, doit-il être interprété en ce sens que la preuve, à la charge de la victime, de l'existence d'un lien de causalité entre le défaut attribué à un vaccin et le dommage par elle subi ne peut être considérée comme rapportée que si ce lien est établi de manière scientifique ?

- ***Document 9 : Anne Prigent, « La vaccination en 13 questions », Le Figaro, janvier 2016.***

À l'heure où les vaccins sont boudés par une partie des français, Marisol Touraine vient de lancer un débat national sur l'obligation vaccinale. Quels sont les composants des vaccins ? Comment agissent-ils ? Quels sont les risques ? Faut-il s'en méfier ? Réponse avec nos experts.

La vaccination, comment ça marche ?

La vaccination, c'est de la prévention : pour protéger un individu contre une maladie infectieuse, on lui inocule un microbe (ou une fraction de microbe) rendu inoffensif. Ce dernier ne provoque pas de maladie mais il va stimuler le système immunitaire. Par la suite, chaque fois que l'organisme rencontrera l'agent pathogène, il se défendra en produisant des anticorps ou des cellules qui élimineront le microbe instantanément, ou presque.

« Dans les maladies infectieuses, la vaccination est sans aucun doute le plus grand progrès en termes de vies sauvées », souligne le Pr Odile Launay, vice-présidente du Comité technique des vaccinations (CTV). C'est la raison pour laquelle la variole a disparu de la surface de la terre. Lorsque le nombre de personnes immunisées est passablement important, le microbe cesse en effet de circuler. Ainsi, non seulement l'individu est protégé, mais aussi la collectivité. Il existe un seuil d'immunisation (soit par infection naturelle, soit par vaccination) en dessous duquel une épidémie peut encore apparaître et c'est pourquoi le taux global de vaccination d'une population doit atteindre un pourcentage suffisant.

« Certaines personnes ne peuvent parfois pas être vaccinées – les jeunes nourrissons, les femmes enceintes... La couverture vaccinale doit donc être importante pour qu'ils soient protégés par effet de groupe », explique Annick Guimezanes, immunologiste et auteur de *Vaccination : agression ou protection ?* Il faut également savoir que les vaccins ne fonctionnent pas auprès de tout le monde. Pour des raisons encore mal connues – elles sont probablement génétiques –, un petit nombre de personnes ne sont pas très réactives. Même vaccinées, elles déclencheront la maladie. En revanche, si leur entourage est majoritairement vacciné et immunisé, elles seront protégées. En clair, on se vaccine pour se protéger et protéger les autres.

La quarantaine, un chiffon rouge abandonné au XIXe siècle

De quoi se composent les vaccins ?

Les vaccins aujourd'hui disponibles sont fabriqués à partir de virus ou de bactéries. Lorsque ces derniers sont entiers et vivants mais affaiblis, on parle alors de vaccins vivants atténués (fièvre jaune, ROR, rotavirus, varicelle et BCG). « Ils sont en général contre-indiqués chez les femmes enceintes et les personnes immunodéprimées », précise Annick Guimezanes. Très proches du microbe existant, ils gardent leur capacité à se répliquer dans le temps. « Ils ne nécessitent souvent qu'une ou deux injections sans rappel ultérieur », précise le Pr Odile Launay.

Les vaccins inactivés contiennent, quant à eux, des agents infectieux (ou une toxine produite par ceux-ci) qui ont été tués et les vaccins sous-unitaires (ou acellulaires) sont fabriqués à partir de sous-unités du microbe, ce qui n'est pas sans conséquence. Les vaccins inactivés, à pathogènes entiers, sont efficaces mais peuvent avoir des effets indésirables plus fréquents. « C'est pourquoi le vaccin anticoquelucheux à germes entiers, qui était mal toléré, a été remplacé par le vaccin acellulaire », explique Annick Guimezanes. Les vaccins sous-unitaires sont mieux tolérés mais leur pouvoir immunogène est moins important. Ils nécessitent donc souvent des rappels et la présence d'adjuvants pour déclencher une réponse immunitaire suffisante.

À quoi servent les adjuvants ?

« Dès la production, dans les années 1920, des sérums antitétaniques et antidiphtériques qui sont fabriqués à partir des toxines purifiées et inactivées (anatoxines), on s'est rendu compte que la réponse immunitaire n'était pas suffisante », raconte Marion Mathieu, biologiste et coauteure de *Vaccination : agression ou protection ?* Pour doper la réponse immunitaire, les chercheurs ont constaté qu'il fallait provoquer une inflammation locale dans la région d'injection. La notion d'adjuvant était née.

« Les premiers essais ont été réalisés avec du tapioca, des miettes de pain... Mais le premier vaccin antidiphtérique avec un sel d'aluminium comme adjuvant voit le jour dès 1926 », explique Annick Guimezanes. Depuis cette date, les adjuvants sont donc utilisés pour augmenter la réponse immunitaire. Ils permettent ainsi de réduire le nombre de doses nécessaires pour induire une bonne réponse immunitaire. Ils sont également intéressants en cas de pandémie car ils permettent de réduire la quantité d'antigènes par dose et ainsi d'augmenter le nombre de personnes vaccinées. C'est ce qui s'est passé lors de la pandémie de grippe H1N1.

Pourquoi les adjuvants sont-ils mis en cause ?

« Le premier adjuvant utilisé est l'aluminium. Depuis, il a été administré à des millions de personnes sans que les études n'aient décelé un problème », affirme Odile Launay. Pourtant, depuis quelques années, des voix discordantes se font entendre sur le sujet. En 1998, une équipe française met en évidence des lésions contenant de l'aluminium dans le muscle au point d'injection de vaccins réalisés parfois des années auparavant. C'est la myofasciite à macrophages.

« Les lésions musculaires ont été observées à l'endroit où a été injecté le vaccin chez des personnes qui se plaignent de douleurs et de fatigue chronique, explique Odile Launay. Mais pour le moment, rien n'indique qu'il puisse exister une relation entre ces symptômes et ces lésions. » En effet, pour établir le lien, il faudrait pouvoir comparer l'état du muscle d'un groupe de personnes sans et avec symptômes. Or, il apparaît difficile de réaliser des biopsies du muscle chez des personnes non malades. L'Agence nationale de sécurité du médicament (ANSM) a cependant commandé une étude au Pr Gherardi, dont l'objectif est de rechercher des facteurs de susceptibilité individuelle de nature génétique. Les résultats sont attendus pour 2016.

Les vaccins à l'aluminium déclarés sans danger

Un autre adjuvant a fait parler de lui lors de la pandémie de grippe H1N1 : le squalène. Adjuvant du vaccin Pandémrix, il est soupçonné d'être responsable de cas de narcolepsie, une maladie caractérisée par un énorme besoin de sommeil et d'endormissements incontrôlables. « Cet effet secondaire a été une énorme surprise. Mais il y a eu bien plus de cas chez les patients qui déclaraient une grippe que chez les personnes vaccinées, analyse Annick Guimezanes. Par ailleurs, au Canada, le même vaccin n'a pas provoqué de cas de narcolepsie. L'adjuvant ne semble donc pas en être la cause mais pourrait être un facteur de risque chez des individus avec un profil génétique particulier. »

Sollicite-t-on trop le système immunitaire en multipliant les vaccins ?

Notre système immunitaire est capable de faire face à de nombreuses stimulations. « Si l'on regarde les agents infectieux auxquels les enfants sont confrontés dans leur première année de vie, ils sont bien plus agressés qu'avec les vaccins », constate Odile Launay. Notre système immunitaire est en effet perpétuellement au travail. Pour Annick Guimezanes, « on peut grandement stimuler le système immunitaire ». En revanche, selon la spécialiste, mieux vaut administrer des vaccins combinés plutôt qu'isolément. « On peut injecter plusieurs microbes en même temps car c'est la fonction du système immunitaire que de répondre simultanément à plusieurs stimulations. De plus, cela permet de limiter le nombre d'infections. »

Mais il est également vrai que, lorsqu'on administre plusieurs vaccins en une seule fois, le taux d'anticorps fabriqués contre chaque microbe est parfois moins élevé que lorsqu'on injecte les vaccins les uns après les autres. « Les taux d'anticorps restent cependant suffisants pour protéger contre les maladies, précise le Pr Emmanuel Grimprel, pédiatre à l'hôpital Trousseau. Les laboratoires doivent d'ailleurs déposer une nouvelle demande d'autorisation sur le marché à chaque ajout d'une nouvelle valence. Ils n'obtiendraient pas cette autorisation si cela avait un impact sur la protection. »

Un vaccin peut-il être responsable d'une maladie auto-immune ?

Les Français se sont posé cette question avec la vaccination contre l'hépatite B, accusée de provoquer des scléroses en plaques. Après avoir analysé un bon nombre d'études pharmaco-épidémiologiques, les autorités de santé ont conclu qu'il n'y a pas de lien de causalité. « De nombreux jeunes avaient été vaccinés contre l'hépatite B, à l'âge où l'on voit démarrer les maladies auto-immunes », explique Odile Launay.

Reste qu'il est difficile de démontrer a posteriori l'existence d'un effet indésirable rare. C'est pourquoi, depuis cet épisode, le recueil des données est organisé sous forme d'un plan de gestion de risque dès la mise sur le marché des vaccins et de façon prospective.

« Avec la vaccination contre les infections à papillomavirus, le plan de gestion de risque a permis de voir que les maladies auto-immunes ne sont pas plus fréquentes chez les jeunes filles vaccinées que chez celles non vaccinées, affirme Odile Launay. L'ANSM et l'assurance maladie, qui ont suivi plus de 2 millions de jeunes filles de 13 à 16 ans pendant plus de deux ans, viennent de publier un rapport rassurant sur la vaccination contre le papillomavirus. Il n'y a pas d'augmentation des maladies auto-immunes chez les jeunes filles vaccinées. Seul bémol : l'augmentation faible de syndrome de Guillain-Barré. »

Cancer du col de l'utérus : l'enquête sur le vaccin Gardasil classée sans suite

Pour Annick Guimezanes et Marion Mathieu, il est important de ne pas confondre facteur déclenchant et cause de la maladie. Qu'est-ce que le facteur déclenchant ? « Il s'agit du dernier événement observé avant l'apparition des signes cliniques. Par exemple, une grossesse, une infection virale, un stress ou une vaccination », écrivent les chercheuses. Et l'on sait notamment que la grippe peut déclencher, très rarement, un syndrome de Guillain-Barré, une atteinte des nerfs périphériques caractérisée par une faiblesse voire une paralysie généralement réversible. Le sur-risque lié à la vaccination contre la grippe est 10 à 40 fois moins important que celui lié à l'infection... « Le bénéfice de la vaccination apparaît donc évident, surtout en cas d'épidémie ou de pandémie », insiste Annick Guimezanes.

Pourquoi vacciner contre des maladies disparues en France ?

« Il est vrai qu'aujourd'hui la coqueluche et la méningite, qui tuent chaque année des enfants en raison d'une couverture vaccinale insuffisante, me posent, en tant que pédiatre, plus de problèmes que la diphtérie et la polio, qui ont été éliminées en France. Mais ces maladies pourraient ressurgir si la couverture vaccinale diminuait car elles sont toujours présentes dans le monde », met en garde Emmanuel Grimprel. Le cas du jeune garçon espagnol de 6 ans non vacciné, mort de la diphtérie, est venu tragiquement nous le rappeler.

En Europe de l'Est, après l'effondrement du système de santé soviétique, de grandes épidémies de diphtérie sont rapidement revenues... La poliomyélite, cette maladie virale qui envahit le système nerveux et peut entraîner une paralysie totale en quelques heures, principalement chez les enfants, était en voie d'éradication. Elle a de nouveau fait parler d'elle en Syrie et il existe toujours des foyers au Pakistan, en Afghanistan ou au Nigeria. « Or, vous pouvez être vacciné et donc protégé, mais porteur sain... ce qui signifie que des personnes revenant de zones où il y a la polio peuvent la transmettre », explique le Pr Éric Caumes, président du Comité des maladies liées aux voyages et des maladies d'importation.

Quels sont les risques liés à une baisse de la vaccination ?

Lorsqu'il n'y a pas suffisamment de personnes immunisées, la maladie peut donc à nouveau circuler et les épidémies réapparaître. C'est ce qui s'est passé, en France, avec la rougeole en 2008 et 2011 : plusieurs milliers de personnes non vaccinées dans l'enfance ont ainsi contracté la rougeole. « Parmi eux, de nombreux adolescents et adultes ont contaminé des nourrissons trop jeunes encore pour être vaccinés, souligne le Pr Grimprel. Ces enfants-là auraient dû être protégés indirectement par la communauté vaccinée. La maladie est malheureusement plus sévère chez eux. Pour ne plus voir de rougeole, le taux de couverture vaccinale doit atteindre 95 % pour l'ensemble de la population. Or, si on en approche actuellement chez les nourrissons de 1 à 2 ans, c'est un phénomène récent et nous en sommes très loin encore chez les adolescents et les adultes. »

La rougeole frappe toujours en France

Observe-t-on une baisse de la couverture vaccinale ?

« En France, seulement 2 % des parents sont contre les vaccins », estime le Pr Daniel Floret, président du Comité technique des vaccinations. La majorité des nourrissons est donc vaccinée mais avec des disparités. « Environ 10 % des parents ne vaccinent pas leurs enfants contre l'hépatite B. Or, il faut savoir que cette maladie tue 1 300 personnes par an », met en garde Daniel Floret. Bon an mal an, la couverture vaccinale des jeunes enfants reste correcte.

Grippe : 7 Français sur 10 n'envisagent pas de se faire vacciner

En revanche, cela se gâte sérieusement à l'adolescence. Moins de la moitié des adolescents sont à jour de leur vaccination contre l'hépatite B. Et ils ne sont pas assez à être vaccinés contre la méningite C. « Or ce sont des réservoirs de cette maladie. Si nous vaccinons les plus jeunes mais sans atteindre les adolescents et les jeunes adultes, les épidémies auront toujours cours. En Angleterre, grâce à une bonne couverture vaccinale, cette maladie a quasiment disparu », insiste le Pr Floret. La vaccination contre les infections à papillomavirus est également en panne chez les jeunes filles.

Pourquoi y a-t-il des vaccins obligatoires et d'autres recommandés ?

La raison est historique. « Pour mettre plus rapidement en place des stratégies de vaccinations contre des maladies qui tuaient des milliers de gens, le choix a été fait, à l'époque, de les rendre obligatoires », témoigne le Pr Grimprel. Aujourd'hui, seules trois vaccinations sont obligatoires en France. Il s'agit des vaccinations contre le tétanos et la diphtérie avant l'âge de 18 mois et contre la poliomyélite avant 13 ans. Seuls la France, l'Italie et quelques pays d'Europe de l'Est (parmi les pays industrialisés) conservent des vaccins obligatoires. Cette distinction entre vaccins obligatoires et recommandés induit une hiérarchie dans l'esprit du public.

Cependant, comme le rappelle le Pr Floret, « toutes les vaccinations inscrites au calendrier vaccinal sont importantes en termes de santé publique ». Mais il est vrai que la notion de vaccins obligatoires et recommandés pose problème. En 2014, le Haut Conseil de la santé publique a réclamé un débat sur le sujet. Une direction reprise par la ministre de la Santé Marisol Touraine, qui a annoncé le 12 janvier une grande concertation citoyenne devant conduire à des préconisations fin 2016.

Pourquoi les ruptures de stock sont-elles si fréquentes ?

Le processus de fabrication d'un vaccin dure environ 18 mois. « Et 70 % du temps de production est dédié au contrôle qualité », précise Annick Guimezanes. Depuis le début de l'année, les vaccins combinés tétravalents (diphtérie, tétanos, poliomyélite, coqueluche) et pentavalents (protégeant en plus contre Haemophilus influenza de type

b) sont devenus quasi introuvables dans les pharmacies en France. Seule la formule hexavalente, qui contient également l'hépatite B, était disponible.

« Cette tension s'explique par une hausse de la demande mondiale de la coqueluche. Pour faire face à cet afflux de demandes, les laboratoires ont livré en priorité les vaccins recommandés dans chaque pays. Or, même si je suis favorable à la vaccination contre l'hépatite B, je reconnais qu'avoir accès uniquement à l'hexavalent pose problème aux parents qui ne souhaitent pas cette vaccination pour leurs enfants », souligne le Pr Floret. Pour les spécialistes, ces ruptures écornent l'image de la vaccination.

Vaccin antituberculeux : une rupture de stock qui dure

Qui peut me vacciner et comment savoir si je suis à jour ?

Les enfants et les adolescents possèdent un carnet de vaccination, outil précieux pour suivre l'état de leurs vaccinations. Pour les plus âgés, c'est la mémoire qui tient lieu de carnet de vaccination. Heureusement, le calendrier a été largement simplifié pour les adultes. Le rappel diphtérie, tétanos, polio est à réaliser à 25 ans, 45 ans, 65 ans, puis tous les dix ans. Le vaccin contre la grippe est quant à lui recommandé tous les ans à partir de 65 ans. Celui de la coqueluche est recommandé à 25 ans, puis pour tous les parents de nourrissons n'ayant pas été vaccinés depuis 10 ans.

Le médecin traitant est l'interlocuteur privilégié pour cette question. Les sages-femmes peuvent réaliser certains vaccins pour les nourrissons et les femmes. Les infirmiers ont également le droit de vacciner contre la grippe, mais à la seule condition qu'une première vaccination ait été réalisée par un médecin.

Pourra-t-on se passer de vaccins injectables ?

La plupart sont administrés par voie intramusculaire. Il existe quelques formes orales, comme les vaccins contre le rotavirus, ou encore le spray nasal pour immuniser contre la grippe. L'idée d'administrer le vaccin au plus près de la porte d'entrée du microbe – à savoir la peau – fait son chemin. Facile à poser, le patch aurait cet atout de délivrer le vaccin au niveau du derme, riche en cellules présentatrices d'antigènes. Ce qui induirait une bonne réponse immunitaire.

- ***Document 10 : Christophe Quezel-Ambrunaz, « Vaccination contre l'hépatite B et la responsabilité du médecin », JCP G, février 2014.***

Cass. 1re civ., 23 janv. 2014, n° 12-22.123, FP P+B+R+I : JurisData n° 2014-000680

Les victimes de sclérose latérale amyotrophique (SLA) attribuant l'apparition de leur maladie à une vaccination contre l'Hépatite B, doivent composer avec l'appréciation souveraine des juges du fond, dans leurs actions à l'encontre des producteurs de médicaments, mais aussi à l'égard des médecins prescripteurs.

Une patiente reçut cinq injections d'un tel vaccin. Ayant développé la SLA, elle assigna le laboratoire et son médecin. En cause d'appel, elle se désista de son action contre le producteur du vaccin, mais la maintint contre son généraliste. L'article L. 1142-1 du Code de la santé publique lui laissait comme seule possibilité pour obtenir réparation d'établir soit la faute éthique, soit la faute technique du praticien. L'arrêt d'appel rejeta ses demandes.

Concernant la faute éthique, la cour d'appel, approuvée par la Cour de cassation, n'a retenu ni l'absence de prise en compte d'éventuelles contre-indications à la vaccination, ni le défaut d'information. La littérature médicale ne considérant pas que le lien entre ce vaccin et la SLA comme établi, le médecin n'avait pas à faire état de tels risques. Ce n'est pas un désaveu des solutions admettant la responsabilité du laboratoire, malgré le doute scientifique (*Cass. 1re civ., 10 juill. 2013, n° 12-21314 : JurisData n° 2013-014890 ; JCP G 2013, 1012, note B. Parance*). En effet, une chose est de dire qu'un tel doute n'est pas un obstacle à l'établissement d'une responsabilité grâce aux présomptions de l'article 1353 ; une autre de considérer que le médecin n'a pas l'obligation d'informer sur les risques douteux.

La Cour de cassation s'autorise un *obiter dictum* sur la responsabilité du médecin en cas de manquement à l'obligation d'information. Celui-ci donnait lieu, avant un revirement (*Cass. 1re civ., 3 juin 2010, n° 09-13591 : JurisData n° 2010-007988 ; JCP G 2010, p. 788, note S. Porchy-Simon*), à l'indemnisation du préjudice de perte de chance pour le patient, s'il avait été correctement informé, de renoncer à l'intervention médicale. Depuis lors, le défaut d'information ouvre droit à réparation d'un préjudice dit d'impréparation, découvert sur le fondement des articles 16 et 16-3 du Code civil. La doctrine tendait à considérer que ce préjudice avait chassé la perte de chance, avant que la survie de cette dernière soit attestée (*Cass. 1re civ., 12 avr. 2013, n° 12-14813 : JurisData n° 2013-006963*).

Les Hauts magistrats établissent ici le caractère cumulatif de ces deux préjudices, en affirmant qu'« indépendamment des cas dans lesquels le défaut d'information sur les risques [...] a fait perdre au patient une chance d'éviter le dommage résultant de la réalisation de l'un de ces risques, en refusant qu'il soit pratiqué, le non-respect, par un professionnel de santé, de son devoir d'information cause à celui auquel l'information était due, lorsque ce risque se réalise, un préjudice résultant d'un défaut de préparation aux conséquences d'un tel risque ».

Concernant la faute technique, elle est acquise en ce que les experts ont retenu que la cinquième injection n'était pas nécessaire. En revanche, elle n'a pas été jugée causale, la demanderesse n'ayant pas démontré que le surdosage pouvait être à l'origine de la maladie. Et, sur ce point, malgré des critiques (*D. 2013, p. 2306, C. Mellottée*) l'appréciation souveraine règne.

- ***Document 11 : « Refus de vaccination : un couple condamné à 2 mois de prison avec sursis », Le Monde, janvier 2016.***

Marc et Samia Larère, poursuivis pour avoir refusé de faire vacciner leurs enfants contre la diphtérie, le tétanos et la poliomyélite (DTP), ce qui est obligatoire en France, ont été condamnés à deux mois de prison avec sursis, jeudi 7 janvier, par le tribunal correctionnel d'Auxerre

Ils avaient été convoqués devant la justice pour n'avoir pas fait vacciner leurs deux enfants, notamment leur fille aînée, aujourd'hui âgée de 4 ans. Ils dénoncent le caractère toxique de certains adjuvants contenus dans les vaccins obligatoires.

Initialement poursuivi pour « soustraction par un parent à ses obligations légales compromettant la santé (...) de son enfant », un délit puni jusqu'à deux ans d'emprisonnement et 30 000 euros d'amende, le couple avait vu les faits requalifiés en « refus de se soumettre à l'obligation vaccinale ». Une infraction relevant du Code de la santé publique, qui prévoit au maximum une peine de six mois d'emprisonnement et 3 750 euros d'amende.

« On nous condamne pour quelque chose d'irréalisable »

M. Larère a fait part à l'AFP de son « étonnement » après cette condamnation car « l'indisponibilité des seuls vaccins obligatoires est prouvée ». « On nous condamne pour quelque chose d'irréalisable », fustige-t-il.

Le vaccin contre les maladies DTP uniquement, qui ne contient pas les autres valences, notamment la coqueluche, n'est plus disponible sur le marché depuis 2008, a rappelé le père de famille.

Cette affaire était allée jusque devant le Conseil constitutionnel après le dépôt d'une question prioritaire de constitutionnalité par le couple. Les conseillers de la Rue de Montpensier avaient considéré en mars la vaccination obligatoire conforme « à l'exigence constitutionnelle de protection de la santé ».

• *Document 12 : Cass. 1re civ., 10 juillet 2013.*

LA COUR – (...)

Attendu, selon l'arrêt attaqué, que Mme T. a reçu, entre 1986 et 1993, plusieurs injections de vaccins, Hevac B et Genhevac B, contre l'hépatite B, renouvelées du fait qu'elle ne développait pas d'anti-corps, qu'à partir de la fin de l'année 1992, elle s'est plainte d'épisodes de paresthésie des mains puis, en 1995, d'un état de fatigue et de troubles sensitifs, qu'elle a dû cesser de travailler en juillet 1998, que le diagnostic de sclérose en plaques a été posé en décembre 1998 ; que Mme T. a recherché la responsabilité de la société Sanofi Pasteur, fabricant des produits ;

Sur le moyen unique du pourvoi incident, pris en ses trois branches :

Attendu que la société Sanofi Pasteur fait grief à l'arrêt de dire que le lien entre le déclenchement de la sclérose en plaques et la vaccination de Mme T. était établi, alors, selon le moyen : (...)

Mais attendu que la cour d'appel, après avoir exactement énoncé que l'impossibilité de prouver scientifiquement tant le lien de causalité que l'absence de lien entre la sclérose en plaques et la vaccination contre l'hépatite B, laisse place à une appréciation au cas par cas, par présomptions, de ce lien de causalité, a estimé qu'au regard de l'état antérieur de Mme T., de son histoire familiale, de son origine ethnique, du temps écoulé entre les injections et le déclenchement de la maladie, et du nombre anormalement important des injections pratiquées, il existait des présomptions graves, précises et concordantes permettant d'établir le lien entre les vaccinations litigieuses et le déclenchement de la sclérose en plaques dont elle était atteinte ; que le moyen n'est fondé en aucune de ses branches ;

Mais sur le moyen unique du pourvoi principal, pris en ses deuxième et troisième branches :

Vu l'article 1386-4 du Code civil ;

Attendu que, pour rejeter les demandes de Mme T., l'arrêt, après avoir exactement retenu que la seule implication du produit dans la maladie ne suffit pas à établir son défaut ni le lien de causalité entre ce défaut et la sclérose en plaques, relève qu'un produit ne peut être retiré du marché du seul fait qu'il ne répond pas à l'attente particulière d'une personne, que le bénéfice attendu du vaccin contre l'hépatite B, par le public utilisateur, est avant tout une protection efficace contre ce virus, ce qui est le cas, ce pourquoi le vaccin contre l'hépatite B, qui a probablement sauvé des milliers de vie pour lesquelles le risque « hépatite B » était infiniment plus grand que le risque

« sclérose en plaques », n'a pas été retiré du marché et a reçu jusqu'à aujourd'hui les autorisations requises, que si le ministère de la santé a mis un terme aux campagnes de vaccination systématiques, cette réserve ne peut contribuer à établir le caractère défectueux du produit ;

Attendu qu'en se déterminant ainsi, par une considération générale sur le rapport bénéfice/risques de la vaccination, après avoir admis qu'il existait en l'espèce des présomptions graves, précises et concordantes tant au regard de la situation personnelle de Mme T. que des circonstances particulières résultant notamment du nombre des injections pratiquées, de l'imputabilité de la sclérose en plaques à ces injections, sans examiner si ces mêmes faits ne constituaient pas des présomptions graves précises et concordantes du caractère défectueux des doses qui lui avaient été administrées, la cour d'appel n'a pas donné de base légale à sa décision ;

Par ces motifs, et sans qu'il y ait lieu de statuer sur les autres griefs du pourvoi principal :

Rejette le pourvoi incident ;

Casse et annule, mais seulement en ce qu'il a dit que Mme T. n'avait pas établi le caractère défectueux du vaccin et rejeté ses demandes, l'arrêt rendu le 5 avril 2012, entre les parties, par la cour d'appel de Versailles (...) pour être fait droit, les renvoie devant la cour d'appel de Paris ; (...)

- ***Document 13 : Guy Vallancien, « Zika ou le double langage sur la vaccination », Les Échos, 10 février 2016.***

Dans les pays touchés par le virus Zika, on appelle à la mise au point d'un vaccin le plus vite possible. Chez nous, on préfère dénoncer les méfaits de la vaccination, en oubliant que ses avantages l'emportent de très loin sur ses inconvénients.

Vite, vite, un vaccin ! Les images de ces enfants microcéphales choquent l'opinion, qui réclame aux chercheurs de trouver dare-dare la parade aux ravages que le virus Zika fait sur les fœtus humains. Et le Brésil demande aux femmes enceintes de ne pas se rendre aux Jeux Olympiques.

L'affaire est sérieuse ! Quelle inconstance que celle des parents qui aboient dès que l'on veut toucher à leurs enfants pour les vacciner contre les pires maux qui tuèrent ou estropièrent tant de nos aïeux. Il suffit de se rendre en Afrique pour constater les dégâts irréparables d'une absence de vaccination ou, pis, de vaccinations réalisées dans des conditions douteuses, en raison de la fréquente rupture de la chaîne du froid pour approvisionner les dispensaires de brousse. Il faut aller opérer ces gamins poliomyélitiques, petits mendiants recroquevillés sur leurs béquilles de bois, qui se traînent de village en village. Il faut avoir vu une crise d'opisthotonos, cette contracture de tout le corps horriblement douloureuse, secondaire au tétanos, pour mesurer le désastre de l'impuissance sanitaire, sans parler de ces milliers d'autres enfants qui meurent chaque année de méningite ou de rougeole dans l'indifférence la plus totale.

L'individualisme érigé au rang de vertu, dans lequel notre société s'est enfoncée, est une atteinte à tous les progrès qui ont permis de vivre mieux et plus longtemps. Que des pétitions circulent sur les réseaux, criant au scandale de la vaccination (bien sûr et comme toujours, selon ses détracteurs, promue par une industrie qui ne cherche qu'à faire du fric), voilà le vrai scandale, surtout quand certains de mes confrères se mettent en avant pour aggraver le doute.

Oui, il existe des effets secondaires nocifs des vaccins, qui sont bien décrits et quantifiés, mais est-ce une raison pour refuser de faire vacciner ses enfants au prétexte d'un risque non établi que feraient courir les traces d'aluminium contenues dans les produits injectés ? La rougeole revient au galop : bienvenue au club des maladies récurrentes qui avaient quasiment disparu.

En matière de santé publique, les avantages de la vaccination l'emportent de très loin sur ses inconvénients. Quand nous assisterons à la résurgence de maladies mortelles quasi éradiquées, les mêmes qui hurlaient au respect de leur choix personnel seront les premiers à se précipiter pour se faire piquer l'épaule. Triste pays que cette France paumée qui s'alimente des rumeurs les plus folles à propos de l'une des plus belles victoires de la médecine, la vaccination, qui par son effet protecteur a sauvé des millions d'enfants dans le monde. Ici on refuse, plus au Sud on en redemande. Allez comprendre ! Si ce n'est que, ne côtoyant plus ces malades moribonds, atteints d'infections épouvantables, on s'habitue à croire naïvement que le danger est derrière nous. Or, en matière de virus et de bactéries, baisser la garde, c'est faire le lit d'épidémies mortelles. La ministre de la Santé a engagé un grand débat sur ce sujet et l'Académie de médecine a lancé, à juste titre, un cri d'alerte : il n'y a, en effet, pas d'autres choix que de mettre les citoyens devant leur responsabilité collective. Espérons que la raison l'emportera sur la foi en des allégations infondées qui circulent à la vitesse d'un clic pour semer le doute et la panique.

- ***Document 14 : Christophe Radé, « Le défaut du produit », Responsabilité civile et assurances, janv. 2016.***

1. – Une notion centrale. – La notion de produit est au cœur de la directive du 25 juillet 1985 car c'est par elle que se définit pour l'essentiel son champ d'application matériel. C'est d'ailleurs logiquement pour assurer une application la plus large possible de ce régime que la Cour de justice de l'Union européenne a retenu du produit une acception très large qui ne fait guère aujourd'hui débat.

La qualification du *défaut* est autrement plus problématique car selon qu'on en retient une définition souple ou au contraire restrictive, le point d'équilibre entre les intérêts des producteurs et ceux des victimes s'en trouvera fortement modifié.

On sait dans quel contexte la directive a été adoptée, et quelles difficultés ont retardé l'adoption de la loi de transposition du 19 mai 1998, les producteurs bénéficiant d'un régime plus favorable qu'en droit français où la jurisprudence avait, pour dire simple, construit un régime de responsabilité sans faute au travers des différents fondements mobilisés nettement plus favorables aux victimes.

2. – Une interprétation problématique. – L'étude de trente ans de jurisprudence montre que deux types de difficultés ont été rencontrées s'agissant de la notion de produit défectueux, les premières tenant à la notion même de défaut de sécurité, singulièrement dans un contexte de fortes incertitudes scientifiques (1), les secondes, qui ne sont pas réglées à l'heure où nous écrivons compte tenu du renvoi de la question devant la Cour de Justice de l'Union Européenne, à la preuve du défaut, toujours dans ce même contexte (2).

1. L'existence d'un défaut de sécurité du produit

3. – Des difficultés inégales. – La détermination des produits entrant dans le champ d'application de la directive du 25 juillet 1985 n'a pas réellement fait difficulté (A). L'identification du défaut s'avère en revanche plus délicate (B).

A. – Les produits concernés

4. – Le domaine large de la directive. – C'est l'article 2 de la directive qui détermine la notion de « produit » : il s'agit de « tout meuble, à l'exception des matières premières agricoles et des produits de la chasse, même s'il est incorporé dans un autre meuble ou dans un immeuble. Par « matières premières agricoles », on entend les produits du sol, de l'élevage et de la pêcherie, à l'exclusion des produits ayant subi une première transformation. Le terme « produit » désigne également l'électricité ». La CJCE a considéré que les produits de santé entraient naturellement dans le champ de la directive, ce qui inclut le sang et les médicaments.

Le législateur français a choisi de retenir la conception la plus large du produit. L'article 1386-3 du Code civil dispose en effet que « Est un produit tout bien meuble, même s'il est incorporé dans un immeuble, y compris les produits du sol, de l'élevage, de la chasse et de la pêche. L'électricité est considérée comme un produit ».

Peu de décisions ont été rendues sur la question par la Cour de cassation, et on pourra seulement illustrer la variété des produits concernés en évoquant l'affaire dite de la « *gale du béton* », du gaz butane et dernièrement des bouteilles de vin.

5. – Des exclusions rares. – La CJCE a admis qu'un organe préparé pour sa transplantation à l'aide d'un produit défectueux entre dans les prévisions de la directive, dès lors que le défaut affecte le produit de préparation. Le Conseil d'État a considéré pour sa part que les greffons n'étaient pas des « produits » au sens de sa jurisprudence *Marzouk*, même si on sait que dans l'hypothèse où est en cause la responsabilité d'un établissement en raison de la simple utilisation d'un produit la directive n'est pas applicable. La notion de « produit » visé par l'article L. 1142-1 du Code de la santé publique ne se confond donc pas nécessairement avec celle de la directive toutes les fois que ce dernier sera simplement utilisé par le professionnel, ou l'établissement de santé.

B. – Les critères du défaut

6. – L'appréciation *in abstracto* du défaut. – Selon le 6e considérant de la directive, il ne faut pas confondre *défaut de conformité* et *défaut de sécurité*. Cette distinction est également et logiquement admise en droit interne. Par ailleurs, la sécurité à laquelle on peut légitimement s'attendre s'entend d'un usage normal du produit, sans abus, et compte tenu des circonstances. C'est d'ailleurs en ce sens qu'a statué la Cour de cassation, singulièrement en matière de prothèses dentaires.

Le défaut est défini par l'article 6 de la directive, dont les termes ont été fidèlement repris par l'article 1386-4 du Code civil : « Un produit est défectueux lorsqu'il n'offre pas la sécurité à laquelle on peut légitimement s'attendre ».

Cette référence au « *on* », renforcée par l'usage du « *raisonnablement* », impose une appréciation *in abstracto* du défaut qui ne doit donc pas se vérifier individu par individu, en fonction de la perception ou des attentes des uns et des autres, mais abstraitement en se référant à un modèle de référence.

Le texte dispose qu'il sera tenu compte « de toutes les circonstances, et notamment : a) de la présentation du produit ; b) de l'usage du produit qui peut être raisonnablement attendu ; c) du moment de la mise en circulation du produit ». Cette appréciation doit se réaliser en adaptant le degré d'appréciation en fonction des circonstances particulières, comme cela est d'ailleurs admis dans le prolongement de la distinction opérée en droit français entre l'appréciation *in concreto* et l'appréciation *in abstracto*. En indiquant que la « *présentation du produit* » ou son « *usage* » peuvent entrer en ligne de compte, la directive indique ainsi qu'il faut apprécier le défaut selon les informations concernant tant le produit que ses conditions d'utilisation, et déterminer le degré d'attente du consommateur par référence au comportement d'un individu moyen.

Le texte indique enfin que « Un produit ne peut être considéré comme défectueux par le seul fait qu'un produit plus perfectionné a été mis en circulation postérieurement à lui ». La notion se construit donc de manière évolutive dans le temps, et on perçoit immédiatement la relativité de la qualification de défaut compte tenu de l'évolution permanente des connaissances techniques et scientifiques. Le niveau de sécurité exigible doit alors être apprécié selon l'état des connaissances techniques et scientifiques du moment, selon les données acquises de la science serait-on tenté d'affirmer pour reprendre les termes de l'arrêt *Mercier* de 1936. Cette précision résulte également des conditions d'exonération du producteur par la preuve d'avancées réalisées dans l'état des connaissances scientifiques depuis la mise en circulation, et qui ne permettent pas nécessairement de retenir rétrospectivement sa responsabilité [*art. 7, e)*], dès lors que les États ont choisi de retenir cette cause d'exonération.

7. – **Le double visage du défaut.** – La jurisprudence a identifié deux types de défauts, selon qu'est en cause la composition ou la conception même du produit (on parle alors de défaut « intrinsèque »), ou ses conditions d'utilisation (on parle alors de défaut « extrinsèque »). Il faudra, dans les deux cas, tenir compte de la « dangerosité anormale » du produit établie par référence au modèle abstrait de référence.

8. – **Le défaut intrinsèque.** – Lorsqu'est en cause le produit lui-même, c'est le bilan bénéfice/risque qui permettra de déterminer le niveau d'exigence attendu, et donc de tracer la frontière entre la sécurité, le cas échéant entourée de précautions, et le défaut. L'examen de données « purement scientifiques » ne semble toutefois pertinent que pour autant que la science est capable de répondre avec certitude aux doutes légitimes et raisonnables face à des dommages inexpliqués pouvant être imputés au produit. C'est pourquoi, dans ces hypothèses, la Cour de cassation a censuré les appréciations purement probabilistes et procède d'une manière plus empirique, en autorisant la preuve du défaut par le recours à des présomptions précises, graves et concordantes, sans exiger de preuve scientifique irréfutable. Cette méthode n'a toutefois pas produit les effets escomptés et les deux seules hypothèses admises dans le contentieux des vaccinations anti hépatite B, ont concerné un défaut extrinsèque.

9. – **Le défaut extrinsèque.** – Le défaut de sécurité peut également résulter d'une insuffisante information concernant les conditions d'utilisation du produit, qu'il s'agisse de ses modalités « techniques » d'utilisation et des précautions « normales » à prendre pour l'utiliser en toute sécurité, d'éventuels effets secondaires nocifs ou d'éventuelles interactions avec d'autres produits, ou avec certains utilisateurs, compte tenu de certaines de leurs prédispositions. Il pourra s'agir du défaut de mentions d'effets indésirables, d'effets secondaires, voire de risques graves. C'est également en se fondant sur une information insuffisante des patients que le tribunal de grande instance de Nanterre a engagé la responsabilité des laboratoires Servier dans l'affaire du *Médiator*.

Cette appréciation doit tenir compte des données acquises de la science. Ainsi, le juge peut, notamment au regard de l'expertise et de l'existence de la documentation disponible à l'époque des faits, estimer que l'affection en cause n'était pas considérée par la communauté médicale, comme un risque inhérent à la prise du médicament, et en déduire que le laboratoire n'avait commis aucune faute en ne faisant pas état, dans la notice de ce médicament, de la possibilité de survenance de cette pathologie. La même considération conduira d'ailleurs à écarter la faute de prescription du médecin, ou de délivrance du pharmacien.

10. – Le défaut comme risque. – Reste à opérer une dernière distinction, et non des moindres. Le défaut du produit ne doit en effet pas se confondre avec ce qu'on pourrait appeler son caractère dommageable. Un produit peut parfaitement *causer* un dommage et ne pas être qualifié de *défectueux*, notamment lorsque l'utilisateur n'aura pas respecté les conditions d'utilisation qui lui ont été communiquées. Mais on peut également affirmer, de manière symétrique, qu'un produit peut être qualifié de défectueux sans avoir causé de dommage, simplement parce que le défaut ne s'est pas encore manifesté, ou que pour des raisons particulières ce défaut n'a pas, lors de sa manifestation, causé de dommage. Le défaut apparaît alors comme un *risque*, c'est-à-dire comme une *caractéristique* du produit, ou, si l'on préfère, comme une qualité *négative*.

Jusqu'à présent, la question ne s'était posée qu'en droit français et s'était réglée, du moins le croyait-on, non pas en raisonnant sur la notion de défaut mais sur l'absence de dommage causé, ce qui pouvait être discuté au regard d'une souhaitable fonction *préventive* de la responsabilité civile.

La Cour de justice a fort heureusement apporté une précision essentielle s'agissant du défaut de sécurité dans un arrêt du 5 mars 2015 et considéré comme défectueux un produit en particulier appartenant à un groupe déterminé dans lequel d'autres unités se sont avérées *effectivement* défectueuses, et ce alors que le défaut ne s'était pas encore manifesté à l'égard du patient, admettant au passage comme réparable le dommage subi préventivement lors d'une action visant à se soustraire au risque que représente le produit.

La solution adoptée est d'abord heureuse sur un plan pratique et permet une gestion préventive du risque financée par le producteur. Surtout, elle conduit à préciser la notion de *défaut* en montrant qu'il s'agit bien d'une *qualité* établie en raison d'un risque trop élevé de dommage, *in abstracto*, et non définie comme le dysfonctionnement *effectif* d'un produit (*in concreto*), ce qui serait trop restrictif.

2. La preuve du défaut

11. – Prolégomènes. – Les auteurs de la directive du 25 juillet 1985 avaient anticipé les difficultés d'application du régime dans un contexte d'incertitudes scientifiques, singulièrement en permettant l'exonération du producteur pour risque de développement. Le régime adopté il y a trente ans traduit une recherche d'équilibre entre les intérêts des producteurs et les droits des victimes, et n'a pas souhaité conférer à ces dernières de prérogatives particulières en matière de preuve, ce qui s'avère précisément problématique dans des hypothèses où des doutes existent sur le défaut, mais où la science ne fournit pas d'indications certaines en ce sens. Dans ces hypothèses, malheureusement assez fréquentes, les difficultés concernent la charge et le risque de la preuve (A), mais également les modes de preuves (B).

A. – La charge et le risque de la preuve du défaut de sécurité

12. – Principes. – La charge de la preuve appartient normalement à la victime, selon les termes de l'article 4 de la directive repris par l'article 1386-9 du Code civil. Ni la directive, ni le droit interne ne comportant de disposition dérogatoire, il y a lieu de déduire de cette attribution classiquement *processuelle* de la charge de la preuve que le demandeur supporte également le *risque de la preuve*, c'est-à-dire qu'il succombera lorsqu'il ne sera pas parvenu à prouver le défaut avec certitude.

La Cour de cassation veille au respect de cette obligation et censure les cours d'appel qui dispensent les victimes de cette preuve et condamnent le fabricant qui ne parviendrait pas à démontrer que les allégations du demandeur sont fausses. En cas de doute, et dès lors que les éléments fournis par le demandeur ne permettent pas d'établir le défaut, sa demande devra être rejetée.

13. – Les difficultés de la preuve dans un contexte d'incertitudes scientifiques. – On connaît malheureusement l'effet de cette conception classique de l'attribution de la charge de la preuve sur l'effectivité du droit à réparation, car le doute, singulièrement scientifique, profite au défendeur et empêche la victime d'être indemnisée.

Ce choix de la conception classiquement processuelle de la charge et du risque de la preuve, où c'est la position dans la procédure qui détermine le rôle des parties, est regrettable. Elle tranche singulièrement avec les régimes modernes d'indemnisation des victimes d'accidents corporels qui ont toutes bénéficié, à tout le moins en droit interne, de présomptions destinées à alléger leur fardeau probatoire, depuis le régime d'indemnisation des victimes d'accidents du travail et de maladies professionnelles en passant par les victimes d'accidents de la circulation ou de contaminations transfusionnelles (VIH, VHC).

Cette prudence des auteurs de la directive du 25 juillet 1985 est, on le sait, volontaire, pour ne pas dire délibérée. Intervenue en plein drame des contaminations transfusionnelles par le VIH, la commission, soucieuse de ne pas fausser par son intervention la libre concurrence sur le marché en imposant des charges indemnitaires trop importantes, à tout fait pour que le doute ne puisse pas profiter aux victimes.

Trente ans plus tard, et devant la multiplication des scandales de santé publique (amiante, Distilbène, solvants, phtalates, etc.), cette situation n'est plus acceptable et mériterait d'être revue pour rééquilibrer le rapport entre producteurs et consommateurs et pour prendre en considération la meilleure *aptitude à la preuve* des producteurs sur qui devrait peser une obligation de sécurité s'étendant systématiquement aux risques futurs.

Mais il n'est pas certain que pour débloquer un certain nombre de situations délicates une réforme de la directive soit nécessaire, dès lors qu'une nouvelle culture du risque pourrait émerger et avec elle de nouvelles façons d'interpréter les textes. Il suffirait alors de faire porter ses efforts non plus sur la charge et le risque de la preuve, mais sur les modes de preuve.

B. – Les moyens de preuve

14. – Le traitement de la question par la directive. – La directive du 25 juillet 1985 nous dit sans doute qui doit prouver le défaut, le dommage et le lien de causalité, mais elle laisse les juges nationaux libres de retenir les moyens de preuve conformes aux traditions nationales. C'est ce qui a permis à la Cour de cassation d'affirmer, depuis 2008 dans le contentieux des vaccinations anti hépatite B, que la preuve de ces éléments peut être rapportée par des présomptions graves, précises et concordantes. Il n'est donc pas nécessaire de se focaliser sur les données purement scientifiques du débat ni exiger une quelconque certitude, dès lors qu'un faisceau d'éléments suffisant permet de conclure raisonnablement à l'existence d'un lien de cause à effet, et au défaut du produit.

15. – Une jurisprudence en panne. – On sait toutefois que cette possibilité n'a pas apporté les résultats escomptés et que les juges du fond ne se sont pas engouffrés dans la brèche.

La principale raison de ce *statu quo* est connue. Pour ce qui concerne le défaut *intrinsèque* du produit, seule une augmentation significative des cas d'affections survenues dans un temps voisin de la vaccination, et en l'absence d'autre cause probable, serait de nature à constituer dans un premier temps une présomption, d'autres études épidémiologiques pouvant renforcer l'état des connaissances scientifiques par la suite et faire basculer la preuve dans le camp des certitudes. Mais tel n'est pas le cas aujourd'hui, et les études qui ont ciblé des groupes de patients n'ont pas noté d'augmentation significative du nombre de SEP et autres maladies auto-immunes parmi la population vaccinée.

Est-on pour autant dans une impasse ? Il ne nous semble pas, à condition de bien vouloir considérer la circonstance que des patients aient développés des maladies peu après une vaccination soit, dès lors bien entendu qu'aucune autre cause connue, ou suspectée, n'est retenue, comme une présomption suffisante du caractère défectueux du produit.

On sait jusqu'à présent que la Cour de cassation s'est refusée à tirer de l'imputabilité présumée d'une affection à l'injection des conséquences en termes de preuve de la défectuosité du produit injecté, comme si ces deux conditions devaient être établies de manière totalement séparée. Or, cette solution peut être discutée. Lorsqu'il est acquis que l'imputabilité d'une affectation, comme la SEP, peut raisonnablement être imputée à une vaccination anti hépatite B, il semble logique que cette imputabilité laisse supposer que le vaccin, qui a pu causer le dommage, est défectueux. Certes, il ne faut pas confondre défaut de sécurité et dommage provoqué, dans la mesure où un produit peut parfaitement causer un dommage sans être défectueux. Mais, dans un contexte d'incertitudes scientifiques, n'est-il pas logique de considérer qu'un produit qui cause un dommage devrait être présumé défectueux, à charge pour le producteur de déterminer en quoi son produit ne l'est pas ?

16. – Une réponse entre les mains de la CJUE. – La question a été posée à la CJUE par la première chambre civile de la Cour de cassation dans son arrêt rendu le 12 novembre 2015, à la suite de la résistance affichée de la cour d'appel de Paris aux orientations définies par la Haute juridiction dans son arrêt du 26 septembre 2012 et qui semblait ouvrir la voie à l'admission de cette double présomption. Pour régler la question et éviter de se trouver en porte-à-faux avec la CJUE qui pourrait de toute façon être saisie à tout moment par tout juge considérant qu'un doute existe sur la portée de l'article 4 de la directive, la Haute juridiction a donc choisi d'interroger la CJUE sur la conformité de sa jurisprudence actuelle, qui admet la preuve du défaut par l'existence de présomptions graves, précises et concordantes, sur une éventuelle comptabilité d'une solution encore plus audacieuse qui étendrait donc la présomption au défaut, et s'imposerait aux juges du fond, ou au contraire sur la limite à ne pas franchir sans violer l'équilibre voulu par les auteurs de la directive.

Jusqu'alors, la CJUE n'a véritablement eu à statuer sur la portée de l'article 4 de la directive qu'à une reprise, dans son arrêt *Novo Nordisk Pharma GmbH c/S.* en date du 20 novembre 2014, et qui est d'ailleurs visé dans l'arrêt rendu par la Cour de cassation. Quoique propre à l'Allemagne et à la possibilité de continuer de faire application d'une législation nationale spéciale antérieure à la directive, l'arrêt a donné quelques indications sur la portée de cet article 4, relatif à la charge de la preuve, et indiqué que « En ce qui concerne la circonstance que, conformément à l'article 4 de ladite directive, il incombe à la victime de prouver le dommage, le défaut et le lien de causalité entre le défaut et le dommage, il convient de vérifier si l'existence, dans la réglementation d'un État membre, d'un droit d'obtenir des renseignements n'est pas de nature à porter atteinte à la répartition de la charge de preuve telle que prévue à cet article par le législateur de l'Union » (§ 26).

Il ne nous semble pas, au regard de cette affirmation, que l'admission de présomptions *graves, précises et concordantes*, sans considération pour les arguments purement scientifiques, soit contraire à la directive, dès lors que les juges du fond se montrent exigeants sur ces présomptions et ne se contentent pas de simples coïncidences. Ce mode de preuve, appliqué de manière plus que raisonnable par les juges nationaux, ne nous semble pas remettre en cause outre mesure l'équilibre trouvé entre victimes et producteurs, car il ne leur confère en réalité aucun avantage décisif.

La CJUE pourrait-elle alors aller jusqu'à admettre que la réunion des deux indices en cause dans l'affaire ayant justifié la question préjudicielle (bref délai + absence d'antécédents) suffirait à établir la causalité et le défaut, dans un contexte marqué par l'absence de certitudes scientifiques ?

Il nous semble qu'il serait opportun ici de distinguer selon qu'on envisage la preuve de la causalité et celle du défaut, et selon qu'il s'agit du défaut intrinsèque ou extrinsèque.

S'agissant de la causalité, il nous semble que celle-ci peut résulter de l'observation de circonstances de faits suffisamment pertinentes et que l'absence de certitudes scientifiques ne doit pas être un obstacle à son admission, dans la mesure où les causalités juridique et scientifique ne doivent pas se confondre.

S'agissant de la question du défaut de sécurité, une différence pourrait être introduite entre défaut intrinsèque et défaut extrinsèque.

Pour ce qui est du défaut intrinsèque, c'est-à-dire résultant des propriétés mêmes du produit, l'absence de preuve d'une inversion significative du bilan bénéfice/risques dans la population vaccinée contre l'hépatite B pourrait bien apparaître comme un obstacle difficilement franchissable pour admettre le défaut des vaccins sur la base du seul constat que le fabricant n'est pas en mesure d'en garantir totalement l'innocuité, compte tenu des objectifs poursuivis par l'actuelle directive. Mais la CJUE pourrait décider de prendre l'initiative et de procéder à une sorte de révision de la directive par voie d'interprétation, comme elle l'avait fait jadis en matière de discriminations pour introduire la notion de discrimination *indirecte*, à une époque où celle-ci ne figurait pas dans les textes.

La question du défaut extrinsèque et de l'obligation d'information du producteur doit être analysée différemment, nous semble-t-il, dans la mesure où la CJUE autorise plus de souplesse, et comme l'a montré la jurisprudence de la Cour de cassation. Il semblerait possible de considérer que le fabricant doit au moins indiquer l'existence des doutes, lorsque ceux-ci sont suffisants pour appeler les utilisateurs à la prudence, compte tenu précisément du fait qu'en l'absence de certitudes scientifiques sur l'innocuité du produit, il n'est pas possible d'en garantir la sécurité.

- ***Document 15: François Beguin et Chloé Hecketsweiler, « Nouveaux vaccins obligatoires : ni sanctions, ni exemptions », Le Monde, sept. 2017.***

Il n'y aura finalement ni amende, ni peine de prison, ni a contrario de « clause d'exemption » pour les parents hostiles aux onze vaccins qui deviendront obligatoires à partir du 1er janvier 2018. S'ils ne font pas faire ces vaccins, ils devront simplement élever leurs enfants sans compter ni sur la garderie, ni sur la crèche, ni sur l'école... Deux jours avant la présentation officielle du projet de loi de financement de la Sécurité sociale, la ministre de la santé, Agnès Buzyn, a dévoilé, mardi 26 septembre, sur BFM-TV, les derniers arbitrages concernant les modalités de l'extension de l'obligation vaccinale.

Qui sera concerné ?

L'obligation ne sera pas rétroactive. Seuls les enfants nés à partir du 1er janvier 2018 devront respecter le nouveau calendrier vaccinal prévoyant des injections obligatoires contre onze maladies. En plus de la diphtérie, du tétanos et de la poliomyélite (DTP), déjà obligatoires, ils devront également être immunisés contre la coqueluche, le virus de l'hépatite B, la bactérie Haemophilus influenzae (responsable de méningites), le pneumocoque, le méningocoque C et les virus de la rougeole, des oreillons, de la rubéole.

La réforme ne devrait pas bouleverser les pratiques d'une majorité de Français, qui effectuaient jusque-là ces vaccins uniquement recommandés. Objectif du nouveau texte : vacciner les 30 % d'enfants qui ne sont aujourd'hui pas immunisés contre le méningocoque C et les près de 20 % qui ne reçoivent pas le rappel du ROR (rougeole-oreillons-rubéole).

Quelles sanctions ?

« Il n'y aura pas de sanctions pénales ou d'amende pour les personnes qui ne seront pas vaccinées », a annoncé Mme Buzyn. Parce que « l'objectif de cette mesure n'est pas de sanctionner mais de rendre la confiance dans les vaccins », la disposition du Code de la santé publique prévoyant au maximum une peine de six mois d'emprisonnement et 3 750 euros d'amende pour « refus de se soumettre à l'obligation vaccinale » va même être supprimée.

La « soustraction par un parent à ses obligations légales compromettant la santé (...) de son enfant » restera en revanche un délit puni jusqu'à deux ans d'emprisonnement et 30 000 euros d'amende. Un enfant qui se retrouverait avec un handicap en raison d'une absence de vaccin aurait ainsi « le droit de mettre en cause pénalement ses parents », a déclaré Mme Buzyn.

Quels contrôles ?

Comme c'est aujourd'hui le cas avec le DTP, les enfants nés à partir du 1er janvier 2018 devront recevoir les onze vaccins du calendrier vaccinal pour être admis en collectivité (crèche, école, garderie, colonie de vacances...) « Pour laisser le temps aux familles de vacciner leurs enfants », les premières vérifications n'auront toutefois lieu qu'à partir du 1er juin 2018. En clair, c'est la crainte d'une exclusion du système éducatif qui devra convaincre les parents récalcitrants.

Quelles exceptions ?

Des contre-indications pour raisons médicales resteront toujours possibles. Elles concerneraient aujourd'hui pour le DTP environ 1 % des enfants dans la mesure où 98,9 % des enfants sont vaccinés.

Les parents les plus réfractaires ne pourront en revanche finalement pas bénéficier d'une « clause d'exemption » leur permettant de faire admettre leurs enfants non vaccinés dans une structure d'accueil collective. Cette disposition, qui supposait la signature d'un document évoquant les risques de la non-vaccination à l'issue d'un entretien avec un professionnel de santé, avait été préconisée en novembre 2016 par le Comité d'orientation de la concertation citoyenne sur la vaccination présidé par le professeur Alain Fischer. Selon lui, il existait « un doute important sur l'acceptabilité d'une mesure qui consisterait à étendre le statut obligatoire à de nouveaux vaccins sans aucune possibilité de s'y soustraire ».

Au ministère de la Santé, où l'on a examiné les questions juridiques posées par cette mesure, on estime qu'elle aurait pu être retoquée par le Conseil constitutionnel. « Il aurait paru contradictoire d'invoquer un impératif de santé publique et de permettre à des personnes de s'en exempter », fait-on valoir.

Quel coût ?

Tous les vaccins obligatoires seront en pris en charge à 65 % par l'Assurance-maladie et 35 % par les assurances complémentaires. Les personnes non couvertes par les mutuelles pourront bénéficier de vaccins gratuits dans les centres de vaccination. Surcoût de la mesure pour l'Assurance-maladie, selon le ministère de la santé : 12 millions d'euros. Le vaccin rougeole-oreillons-rubéole (ROR) continuera d'être pris en charge à 100 % par l'Assurance-maladie pour les enfants et les jeunes de 12 mois à 17 ans révolus.

Quelles disponibilités ?

Deux laboratoires se partagent le marché des vaccins pédiatriques : le français Sanofi et le britannique GSK. Ils commercialisent respectivement l'Hexyon et l'Infanrix Hexa, des vaccins dit « hexavalents » car ils protègent simultanément contre six maladies (diphtérie, tétanos, poliomyélite, coqueluche, hépatite B, infections à Haemophilus influenzae). Environ 40 000 enfants supplémentaires devraient être immunisés avec ces vaccins quand la mesure entrera en vigueur. Dans le cas du vaccin combiné contre la rougeole, les oreillons, et la rubéole – dont le plus courant est le Priorix de GSK – le surcroît d'enfants est estimé à 80 000.

Les laboratoires assurent être tout à fait capables de répondre à la demande avec leur capacité industrielle actuelle. Dans la mesure où la plupart des enfants sont déjà vaccinés avec ces combinaisons, l'obligation vaccinale ne se traduira pas par une augmentation significative de leur chiffre d'affaires. « Nous nous attendons à une hausse de 2 % à 3 % de nos ventes de vaccins, ce qui représente une augmentation de 1 % de notre chiffre d'affaires », indique un porte-parole de GSK.

Section 2

Corrigé

La vaccination consiste à injecter un microbe devenu inoffensif à un individu dans le but de stimuler son système immunitaire et de le protéger d'une maladie (doc. 9).

La vaccination permet la prévention d'un risque (A) mais demeure une prévention à risque (B).

I. La vaccination, la prévention d'un risque

La vaccination est une prévention recommandée (A) qui tend à devenir une prévention imposée (B).

A. Une prévention recommandée

Fabriquée à partir de bactéries ou de virus rendus inoffensifs, le vaccin permet de lutter contre un grand nombre de maladies très dangereuses, comme la variole ou la diphétrie, que la vaccination a d'ailleurs permis de faire disparaître (doc. 9). Considérée comme l'un des plus grands progrès dans la lutte contre les maladies infectieuses, la vaccination permet à l'individu de stimuler son système immunitaire pour permettre à l'organisme de produire des anticorps lorsqu'il est en contact avec l'agent pathogène (doc. 9).

Si la vaccination est un acte individuel simplement recommandé, cet acte sert à l'ensemble de la population. Plus le nombre de personnes vaccinées est élevé, moins il y a de risque de voir circuler les maladies (doc. 9). Certaines maladies disparues grâce à la vaccination peuvent, en effet, réapparaître quelques années plus tard si la population n'est plus suffisamment vaccinée (doc. 9 et 13). Pour cette raison, la vaccination s'inscrit dans la politique de santé publique de protection de la santé, protection proclamée dans le Préambule de la Constitution de 1946 (doc. 2). Le ministre en charge de la Santé fixe la politique vaccinale et les conditions de sa mise en œuvre (doc. 1)

B. Une prévention imposée

Pour certaines maladies, une prévention par la vaccination est imposée (doc. 1 et 9). Suivant le Code de la santé publique, les maladies concernées jusqu'à présent par l'obligation de vaccination sont le tétanos, la diphtérie et la poliomyélite (doc. 1). À partir du 1er janvier 2018, cette liste sera complétée et onze vaccins seront alors imposés (doc. 15). La politique vaccinale française impose également à certaines catégories de personnes une vaccination, comme le personnel soignant (doc. 1).

Le renforcement de la politique vaccinale s'impose dans un contexte de méfiance à l'égard de la vaccination, se traduisant par une baisse de la vaccination (doc. 6). Certains parents refusent de faire vacciner leurs enfants (doc. 11) s'exposant à une condamnation pénale (doc. 11). Le Conseil constitutionnel a, en effet, considéré que cette prévention imposée n'allait pas à l'encontre de l'article 11 du Préambule de la Constitution de 1946 garantissant à l'enfant, notamment, la protection de la santé (doc. 2 et 7).

La méfiance à l'égard de la vaccination repose sur les doutes quant à son efficacité, évoqués par les médecins eux-mêmes (doc. 6). Les vaccins ne fonctionnent pas de manière identique pour tous les patients et ne protègent pas toujours contre toutes les formes de la maladie, à l'exemple de la grippe (doc. 9). Le Haut conseil de la santé publique constatant le faible avantage de certains vaccins est même intervenu pour en suspendre l'administration (doc. 4). C'est toutefois le manque d'information (doc. 6) concernant le risque lié à la vaccination qui engendre la plus grande réticence (doc. 9 et 13). Les adjuvants contenus par certains vaccins seraient la cause de certaines lésions musculaires (doc. 9) au point que la vaccination est perçue comme un risque.

II. La vaccination, une prévention à risque

La vaccination est devenue une prévention dont le risque est certain (**A**), mais dont le dommage est incertain (**B**).

A. Un risque certain

Le patient doit être informé des risques liés à la vaccination (doc. 10). Le médecin engage sa responsabilité lorsqu'il manque à son obligation d'information. Sa responsabilité peut être engagée pour réparation d'un préjudice d'impréparation et de perte de chance (doc. 10).

La vaccination entraîne parfois de graves conséquences, certains patients ayant, par exemple, développé une maladie comme la sclérose en plaques suite à une vaccination contre l'hépatite B (doc. 5 et 9). Le contentieux portant sur la vaccination est soumis au régime des produits défectueux (doc. 14) puisque la Cour de justice de l'Union européenne inclus dans la définition du produit les médicaments (doc. 14). Le produit est considéré comme défectueux lorsqu'il n'offre pas la sécurité à laquelle le patient peut légitimement s'attendre (doc. 14). Le risque est donc reconnu et la responsabilité est imputable au producteur du vaccin ou aux médecins ayant procédé à l'injection, selon les circonstances (doc. 8 et 14).

B. Un dommage incertain

Le lien de causalité entre la vaccination et le dommage est difficile à établir puisque, par exemple, dans le cas des patients souffrant de sclérose en plaques (doc. 14), aucune preuve scientifique ne permet de lier la maladie à la vaccination (doc. 8). Face à des victimes, de plus en plus nombreuses et placées dans des situations difficiles, la Cour de cassation a admis l'existence de présomptions graves, précises et concordantes (doc 3 et 12) permettant d'établir le lien de causalité (doc. 8). Ces présomptions s'apprécient à partir d'éléments de fait comme l'absence d'antécédents de la maladie chez la victime ou comme la rapidité de l'apparition de la maladie suite à l'injection (doc. 8). Le risque lié à la maladie est certain mais pour autant la réparation relève du cas par cas (doc. 8).

La jurisprudence reste très incertaine quant à la réparation du dommage lié à une vaccination (doc. 5). Le résultat varie en fonction de la juridiction qui tantôt reconnaît le dommage, tantôt l'ignore (doc. 5 et 8). La Cour de cassation laisse une certaine latitude aux juges du fond (doc. 3 et 12). La Cour de cassation a cherché une solution auprès de la Cour de justice de l'Union européenne grâce à une question préjudicielle (doc. 5 et 8). Une solution pourrait être l'application de la théorie de la causalité générale ou scientifique issue des droits anglais ou américains (doc. 5). Il résulte, finalement, de cette incertitude une grande insécurité juridique liée à la vaccination (doc. 5) qui ne plaide pas en sa faveur (doc. 13).

Imprimé en France - JOUVE, 1, rue du Docteur Sauvé, 53100 MAYENNE
N° 2708042J - Dépôt légal : mars 2018